Gunhild von der Recke

LAS MEJORES RECETAS CON VERDURA

Con carne y sin ella, sabrosos y sanos

Editorial Everest, S. A.

MADRID • LEON • BARCELONA • SEVILLA • GRANADA • VALENCIA
ZARAGOZA • LAS PALMAS DE GRAN CANARIA • LA CORUÑA
PALMA DE MALLORCA • ALICANTE — MEXICO • BUENOS AIRES

1. Cubierta

Pastel de puerros al estilo suizo, de fácil preparación e indicado también como entrada para un menú. Receta pág. 45.

2. Interior de la cubierta

Zanahorias gratinadas. Los ingredientes para este exquisito gratinado se nos ofrecen con todo su frescor durante todo el año, pero para este plato merece la pena elegir las tiernas zanahorias de principios de verano. Receta pág. 36.

3. Interior de la contracubierta

Fritada de verduras, rápida y a base de ingredientes tradicionales, tales como patatas cocidas con piel, cebolla, ajo y tomates. Receta pág. 52.

Fotografías en color: Fotoestudio Teubner (cubierta, págs. 9, 30 y 48), Fotoestudio L'Eveque Harry Bischof (inter. cubierta, págs. 10, 19, 20, 29 y 47), Susi y Pete A. Eising.

Título original:
Köstkiche gemüse mahlzeiten

Traducción y revisión:
M.ª del Carmen Vega Álvarez

SEGUNDA EDICIÓN , segunda reimpresión, 1993.

© Gräfe und Unzer GmbH, Munich, 1988 y
EDITORIAL EVEREST, S. A.
Carretera León-La Coruña, km 5 - LEÓN
ISBN: 84-241-2285-2
Depósito legal: LE. 1 183-1991
Printed in Spain - Impreso en España

EDITORIAL EVERGRÁFICAS, S. A.
Carretera León-La Coruña, km 5
LEÓN (España)

Gunhild von der

Cursó estudios de publicidad y dramaturgia y, tras haber estudiado en una famosa escuela de arte dramático de Munich, logró grandes éxitos escénicos como actriz.
Tras el nacimiento de su hijo, su gran sentido artístico se inclinó con gran entusiasmo y notables logros por el arte culinario. Gracias a su experiencia adquirida durante varios años de viajes por Alemania y el extranjero, pudo hacer las delicias de su familia y de sus invitados con sus originales creaciones culinarias. Cuán acertada fue su decisión de convertir en profesión lo que había comenzado siendo un simple «hobby» lo demuestra el hecho de haber sido premiado su primer libro de cocina con una medalla de la Academia Gastronómica de Alemania y los grandes éxitos alcanzados por sus programas televisivos sumamente populares.

En este libro encontrará

A manera de prólogo

Las verduras están en boca de todo el mundo, y no sólo en sentido figurado, sino en la más actual de las realidades, ya que desde hace años, va creciendo el interés culinario por estos preciados alimentos. Incluso productos que no hace mucho eran considerados exóticos se pueden adquirir hoy en día en cualquier mercado y la denominación en la lengua de origen de muchos de ellos es ya patrimonio de todos los países civilizados. Los productos de importación se ofrecen al consumidor junto a los de la región y el interés general existente en incorporarlos a la gastronomía local sigue creciendo. Las verduras han conquistado la gastronomía internacional y el ingenio de los *chefs* sigue creando numerosas recetas originales en todos los países.

El hecho no tiene nada de extraño si tenemos en cuenta las variadísimas posibilidades de preparación de un alimento tan completo como sano. Si a esto añadimos su importante aportación en cuanto a vitaminas, sales minerales y fibra, se comprenderá fácilmente que, al mismo tiempo que se extiende su consumo, aumente el número de publicaciones dedicadas al tema.

En este libro se recogen numerosos consejos prácticos sobre la naturaleza, compra y tratamiento de un amplísimo abanico de verduras que posteriormente son objeto de tratamiento especial en un nutrido número de recetas. Junto a muchas de ellas, sobradamente conocidas, el lector encontrará otras tantas originales en las que, conscientemente, no se ha querido prescindir de la carne como un elemento más de las mismas para satisfacer los paladares más exigentes.

Un breve vistazo al índice de recetas basta para darse cuenta de la enorme variedad contenida en las siguientes páginas.

A pesar de tanta novedad y tan elevado número de recetas recopiladas en el presente libro, hemos querido dejar también campo abierto a la creatividad del lector, sugiriéndole numerosas variantes que él mismo podrá experimentar y hasta mejorar. En todo caso, uno de los consejos sobre los cuales desearíamos hacer especial hincapié se refiere, precisamente, a ese espíritu «aventurero» de todo amante de la cocina, a fin de que, superando cualquier temor, no deje de probar incluso las recetas que puedan parecerle más exóticas. A veces en ellas se encierra ese sabor especial que tanto recordamos de alguno de nuestros viajes o de las deliciosas comidas ofrecidas por nuestros amigos. Otras veces la receta elegida quizá nos proporcione la gran satisfacción de poder sorprender a nuestros invitados. De todas formas, todas las recetas contenidas en este libro llevan la garantía de que han sido experimentadas satisfactoriamente por nosotros.

Para facilitar la elección, las recetas se han agrupado por capítulos teniendo en cuenta la afinidad de los platos: sopas y potajes, verduras rellenas, souflés, gratinado, repostería, así como un apartado con algunas especialidades significativas.

Al principio se incluye un glosario y calendario de las verduras en el que se reseñan, de manera resumida pero eficaz, todas aquellas que en el recetario representarán, en cada caso, su adecuado papel de protagonistas.

Las excelentes fotografías en color ilustran de modo atractivo varios de los platos ya preparados. En determinados casos hemos recurrido, asimismo, a la fotografía en color para ilustrar mediante secuencias algunos procesos de especial interés, que otras veces se explican mediante expresivos dibujos.

Esperamos que el contenido de este libro le resulte ameno, práctico y estimulante y que todo ello se refleje en el éxito de sus platos.

Gunhild von der Recke

Tratamiento de las verduras

El tratamiento correcto de las verduras podemos decir que comienza en el momento de adquirirlas en el mercado. Preste especialmente atención a las ofertas de la temporada y dé preferencia a las verduras de la región, ya que por su mayor proximidad a los puntos de venta no están sometidas a los efectos perjudiciales de un largo transporte. No se deje engañar por su buen aspecto, puesto que a veces se debe al uso abusivo de abonos químicos o a su cultivo en un medio no natural. Lo importante es su aroma. Todo lo demás, aparte de que estén limpias, es secundario. No se trata, pues, de adquirir los ejemplares más atractivos a la vista, sino los más sabrosos, los más frescos y los que presenten sus hojas más recientes y no lacias. Los tubérculos no deben presentar deterioros causados por golpes o mala manipulación ni, por supuesto, señales de estar en mal estado. Los tallos deben ser lo suficientemente flexibles como para poder doblarlos suavemente sin que se rompan. Si se trata de verdura picada, es preciso que no esté seca. También es fundamental procurar utilizar cuanto antes la verdura adquirida.

Cómo limpiar la verdura

Lo primero que hay que hacer es eliminar las posibles raíces y partes de la planta que no vamos a consumir a causa de su evidente dureza, su textura fibrosa y su contenido en materias

Antes de lavar los pimientos se retiran los rabitos y las semillas.

nocivas, como los extremos verde oscuro de las hojas de los puerros, las hojas exteriores algo lacias de coles y lechugas. También hemos de desechar los nervios y tallos gruesos, ya que pueden contener un elevado porcentaje de nitrato.

Cómo lavar la verdura

Con el fin de eliminar al máximo los posibles residuos de tierra y de materias tóxicas procedentes del tratamiento de las plantas, es imprescindible lavar la verdura bajo el chorro de

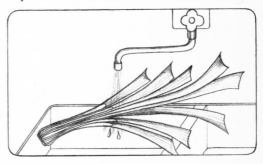

Los puerros se lavan bajo el chorro de agua fría al mismo tiempo que se separan sus hojas, ya que entre ellas puede haber arenillas y residuos de tierra.

agua del grifo. Las hortalizas de superficie lisa, como las berenjenas, los calabacines o los pepinos, es preciso frotarlos primeramente con un paño seco antes de lavarlos. Las patatas y los apios es preciso cepillarlos a fondo bajo el chorro de agua caliente del grifo antes de pelarlos, y luego secarlos con papel de cocina.

Raspar o pelar

Los tubérculos, tales como las zanahorias o los nabos, una vez lavados o cepillados, según la textura de su superficie, se raspan con un cuchillo o se pelan con un utensilio adecuado para que la piel no resulte demasiado gruesa. A los espárragos y a los tallos de apio es preciso quitarles la piel fina sumamente fibrosa que los cubre.

Tratamiento de las verduras

La fina piel de los pimientos y de los tomates también hay que quitarla. Los tomates se cortan en cruz por el extremo liso, se escaldan en agua hirviendo, se tira el agua al cabo de 2 minutos, se pasan por agua fría y luego se pelan.

Los pimientos basta meterlos en el horno brevemente a una temperatura de 220 grados. Al volver a sacarlos se enfrían y la piel se desprende.

Los tomates se cortan por el extremo superior en forma de cruz y se escaldan con agua hirviendo. Al cabo de 2 minutos la piel puede desprenderse fácilmente.

Preparación para la cocción

Eliminar las partes no comestibles, tales como los extremos de los tallos, los rabillos, etc., así como los filamentos y las nervaduras. Una vez hecha la selección de las verduras ya limpias, las que se hayan cortado y pelado no deben lavarse posteriormente, ya que se perdería buena parte de sus nutrientes.

Cómo cocer la verdura en su punto

Es muy importante cocer la verdura durante el tiempo más breve posible, y a la temperatura adecuada, en un recipiente con tapa. Una vez cocida debe quedar «al dente», utilizando el término italiano, y no debe mantenerse caliente. Las raciones deben calcularse bien, a fin de evitar restos. Si a pesar de todo queda algún sobrante, es preciso dejarlo enfriar si queremos aprovecharlo como guarnición de una sopa o ensalada. Importante: Las espinacas y las remolachas, una vez cocidas, contienen un elevado porcentaje de nitrato, por lo que no deben recalentarse. El recalentamiento las echa a perder, llegando incluso a resultar perjudiciales para la salud si son consumidas por los niños.

Cómo conservar las sustancias nutritivas

Para conservar al máximo las sustancias nutritivas de la verdura recomendamos dejar siempre en crudo una tercera parte de la misma y, una vez picada o rallada finamente, mezclarla con el resto ya cocido. Una excepción: las habas verdes, ya que crudas no son comestibles. El tiempo mínimo de cocción de esta verdura ha de ser de 10 minutos a unos 100 grados, con el fin de eliminar la toxina que contienen, la llamada *fasina*. La pérdida de sustancias nutritivas al tener que cocerlas puede compensarse, al igual que en el caso de cualquier otra verdura, mediante la adición de hierbas frescas, bien picaditas, en el momento de servirlas.

Métodos de cocción recomendados

Son pocas las verduras que exigen ser cocidas para su consumo (como los espárragos y los salsifís). Uno de los métodos de cocción más recomendables consiste en blanquear la verdura, es decir, dejarla durante unos minutos en agua de ebullición. Este método puede aplicarse en el caso de las espinacas o en cualquier otro tipo de verdura de la utilizada posteriormente para ensaladas. También muy recomendable es la cocción al vapor en una olla exprés u olla a presión, o en una bandeja auxiliar dentro de una cazuela tapada. También puede rehogarse a fuego lento, con poca grasa y poco líquido, en una olla con tapa, procurando no destaparla, y «removiendo» el contenido a base de balancear el recipiente. Un modo excelente de cocinar la verdura aprovechando al máximo sus sustancias nutritivas es utilizando papel de aluminio, ya sea para cocerla o para hacerla al horno revestida de una capa protectora de salsa, queso o pan rallado.

Glosario y calendario de verduras

En el siguiente glosario agrupamos las variedades de verdura más importantes teniendo en cuenta las recetas del presente libro. Tras una breve descripción de las mismas, incluimos un epígrafe titulado «Época del año», donde se indican los meses en que suelen ofrecerse a la venta en el mercado europeo procedentes del cultivo natural al aire libre, que es tanto como decir en el momento óptimo con respecto a su típico sabor. También se indican las sustancias nutritivas más abundantes en cada caso. El epígrafe «Compra» se refiere a los puntos a tener en cuenta a la hora de adquirir la verdura. Finalmente se ofrecen diversas sugerencias para su «conservación» y «particularidades» de la verdura en cuestión.

Berenjenas

Pertenecen a la familia de las solanáceas y son típicas de los países mediterráneos. La piel, de color violeta oscuro, así como sus diminutas semillas, son comestibles, junto con la bulba. Su sabor es ligeramente amargo y resultan excelentes para combinar con otros ingredientes.
Época del año: De mayo a octubre.
Especialmente rica en sustancias de lastres (fibra) y ácido fólico.
100 g de la parte comestible contienen 105 kj/25 kcal.
Compra: Preferir aquellas cuya piel aparezca lisa y brillante; la bulba de las berenjenas maduras no cede al ser oprimida con el dedo. Las blandas y de piel arrugada tienen un desagradable sabor esponjoso.
Conservación: Las berenjenas bien maduras se conservan en el frigorífico hasta 3 días; las inmaduras contienen una toxina denominada solanina y para que maduren es preciso conservarlas a temperatura ambiente.
Particularidades: Para aminorar el sabor amargo de las berenjenas se cortan, una vez lavadas, pero sin pelar, en finas tiras longitudinales y se salpican de sal. La sal reduce las sustancias amargas. Al cabo de 15 minutos se lavan las tiras con agua fría o se secan bien con un paño. Hecho esto pueden usarse según lo previsto.

Coliflor

Variedad de col que desarrolla una pella compuesta de cabezuelas o grumitos blancos. Es de fácil digestión y de muy variadas aplicaciones en sopas y ensaladas, y susceptible de preparación muy diversa como verdura.
Época del año: De junio a noviembre.
Especialmente rica en sustancias de lastre (fibra), potasio, vitaminas K y B_6, ácido fólico, ácido pantoténico y carbono.
100 g de la parte comestible contienen 138 kj/33 kcal.
Compra: Preferir las que tengan las cabezuelas y los grumitos blancos bien compactos y no presenten manchas.
Conservación: Envueltas ligeramente en papel blanco y dentro del departamento de verduras del frigorífico, se conservan hasta 3 días.
Particularidades: Se recomienda cocerla al vapor en un cestillo metálico inmerso en agua o en una mezcla a partes iguales de agua y leche, sin añadirle sal y procurando que quede blandita. La sal se le añade después de cocida, ya que oscurece las cabezuelas. El agua de cocción o de vaporización de la coliflor no debe aprovecharse para otros usos, ya que su sabor es desagradable y además contiene residuos de sustancias perjudiciales para la salud.

Brécoles

De la misma familia que la coliflor, se caracteriza por sus espesas florescencias y su sabor recuerda al de los espárragos. Por su aroma y sabor un poco áspero, así como por su consistencia, el brécol es una verdura invernal apropiada para platos festivos.

Glosario y calendario de verduras

Época del año: De noviembre a marzo.
Especialmente rica en sustancias de lastre (fibra), potasio, calcio, magnesio, vitaminas A, K, B_2, B_6 y C, ácido pantoténico.
100 g de la parte comestible contienen 138 kj/33 kcal.
Compra: Escoger los ejemplares bien verdes y robustos, con hojas, florescencias y hojas cobertoras amarillas, desechando aquellas que presenten señales de mala manipulación o largo almacenamiento.
Conservación: Envueltos en papel de cocina y mantenidos en el frigorífico, dentro del departamento para las verduras, se conservan hasta 2 días.
Particularidades: El brécol puede consumirse en crudo o cocido. Cuece en poco tiempo. Los tallos deben pelarse de arriba abajo, como los espárragos. Pueden ser separados de las cabezuelas cociéndolos durante unos minutos por separado o bien cortándolos en cruz hasta casi la base de las hojas para que todas las partes de la planta se cuezan por igual y en el mismo tiempo.

Habas verdes

Están constituidas por la vaina carnosa que encierra las semillas cuando llegan a la madurez, es decir, las habas o judías propiamente dichas. Mientras estas semillas son pequeñas y blandas se consumen junto con la vaina. Las hay de dos tipos, uno con semillas menos blandas y otro cuyas judías son más carnosas. Dentro de éstas figuran las amarillas y las más finas, llamadas en algunas regiones «habas princesa». Actualmente las habas verdes no suelen tener los hilos que en otro tiempo presentaban longitudinalmente desde el extremo del tallo hasta la punta de la vaina. En ningún caso deben consumirse en crudo, ya que la vaina, y muy especialmente la semilla, contienen una combinación de oxígeno, la llamada fasina, que en cantidades importantes es tóxica. Exta toxina se destruye en la cocción.

Época del año: De julio a septiembre.
Especialmente ricas en sustancias de lastre (fibra), magnesio, vitaminas K, B_6 y C, y ácido fólico.
100 g de la parte comestible contienen 145 kj/35 kcal.
Compra: Dar exclusiva preferencia a las de color verde o amarillo intenso (según la clase). Rechace las lacias y las que tengan manchas marrones. Las habas verdes bien frescas suenan al partirlas.
Conservación: Envueltas sin apretar en un papel de cocina se conservan hasta 2 días, guardándolas en el departamento para verduras del frigorífico.
Particularidades: Antes de proceder a prepararlas comprobar si realmente están exentas de hilos.

Endibias

Los cogollos de la endibia son sus hojas amarillo claro apretadamente superpuestas y sus extremos superiores de un suave color verde se cultivan al abrigo de la luz solar, lo que hace que adquieran esa tonalidad amarilla y que sus hojas sean de consistencia tan delicada. El sabor típico de las hojas crujientes es ligeramente amargo, pero agradable.
Época del año: De noviembre a marzo.
Especialmente rica en sustancias de lastre (fibra), magnesio, vitamina A y ácido fólico.
100 g de la parte comestible contiene 65 kj/15 kcal.
Compra: Los cogollos deberán estar bien cerrados desde la base hasta el extremo de las hojas. Las hojas externas no deben presentar manchas marrones ni señales de deterioro.
Conservación: En varias capas de papel pueden

Esta especie de pisto francés con verduras multicolores es un plato ideal que puede servirse caliente, como plato principal, o frío, como entrada. Receta del Ratatouille, en la página 52.

conservarse hasta 3 días en el departamento para verduras del frigorífico.

Particularidades: Si no resulta agradable el sabor amargo característico de las endibias, basta cortar en forma de cuña, con la punta de un cuchillo, el tronco del extremo de la raíz, ya que es en él donde radica el amargor.

Guisantes

Los guisantes son las semillas jóvenes e inmaduras de la planta del mismo nombre. A efectos culinarios deben utilizarse sólo los frescos, siempre que sea posible. Pero si se trata de elegir entre los de conserva y los congelados, es preferible utilizar estos últimos, sobre todo si se trata de los llamados «petits pois» (guisantes finos). También existen ciertas variedades un poco dulces de semillas poco desarrolladas que junto con la vaina proporcionan una exquisita verdura.

Época del año: De junio a agosto.

Especialmente ricos en proteínas, fibra, sodio, magnesio, hierro, vitaminas E, K, B_1, B_2, niacina, B_6, ácido fólico, ácido pantoteico y C.

Compra: Tratándose de guisantes frescos con la vaina, podemos calcular que ésta representa un 50 % del peso. Por lo tanto, si solamente hemos de utilizar las semillas hay que contar con un desperdicio de la mitad.

Conservación: Los guisantes frescos con su vaina se conservan en el frigorífico no más de 24 horas, siempre que previamente los hayamos envuelto en un paño humedecido y los mantengamos en el departamento para verduras.

Particularidades: Los guisantes desprovistos de la vaina, según su tamaño y su calidad, se cuecen con muy poco líquido y a fuego lento en unos

20 minutos; los más finos solamente necesitan de 10 a 15 minutos. Los finos congelados no deben cocerse más de 3 minutos, como máximo.

Hinojo

El hinojo es el tallo engrosado de la planta del mismo nombre y consiste en unas apretadas hojas carnosas y nervadas. Los tallos verdes que nacen del bulbo y las hojas fijas se emplean conjuntamente. El sabor característico de esta planta se debe a su contenido en esencia de anís.

Época del año: De octubre a abril.

Especialmente rico en sustancias de lastre (fibras) y en vitaminas A y C.

100 g de la parte comestible contienen 205 kj/49 kcal.

Compra: Dar preferencia exclusivamente a los bulbos compactos, blancos o de color verde claro, cuyas hojas estén frescas. La presencia de manchas secas de color pardo son señal de que han permanecido almacenados demasiado tiempo.

Conservación: Los bulbos de hinojo, una vez desprovistos de los tallos, se lavan junto con las hojas. Envueltos en un paño humedecido pueden conservarse 24 horas, como máximo, en el departamento para verdura del frigorífico.

Particularidades: A las hojas externas es preciso quitarles los nervios duros. El hinojo picado no se oscurece si se le rocía con zumo de limón.

Pepinos

Aunque los pepinos pueden adquirirse todo el año, procedentes de cultivos artificiales, los verdaderamente aromáticos son los de temporada, cultivados al aire libre. A finales del verano o principios del otoño es fácil encontrar en el mercado los llamados pepinillos, especialmente indicados para conservar en vinagre.

Época del año: De junio a octubre.

Especialmente ricos en sustancias de lastre (fibra).

◁ Bajo esta capa costrada se esconde el fino aroma de la coliflor, del mijo y del jamón. La receta para elaborar este rápido y económico plato de coliflor gratinada la encontrará en la página 36.

Glosario y calendario de verduras

100 g de la parte comestible contienen
65 kj/15 kcal.

Compra: Dar preferencia a los frutos compactos,
es decir, que no estén blandos ni presenten
señales de deterioro tanto los frutos como las
vainas. Los guisantes de fin de temporada es
normal que presenten la vaina parcialmente
amarillenta, señal evidente de su alto grado de
madurez, pero también de su especial aroma.

Conservación: En el departamento para verduras
del frigorífico o en un lugar fresco y oscuro se
conservan hasta un máximo de 3 días.

Particularidades: Aunque los actuales pepinos
suelen carecer de sustancias amargas, algunas
variedades las tienen como producto de los
extremos del tallo. Por lo tanto, ya que tales
sustancias no son deseables, es preciso probar un
trocito de esa parte del pepino, después de
lavado y antes de pelarlo, con el fin de cortar la
posible parte amarga.

Patatas

Las variedades de este nutritivo e importante
tubérculo son numerosísimas y dado que la
oferta procede de diversas regiones, lo que menos
interesa prácticamente es su lugar de origen.
Son más importantes sus propiedades culinarias,
su sabor y su color. Respecto a la cocción,
podemos distinguir varias clases, según que una
vez cocidas resulten más o menos consistentes,
y en atención a tal característica su empleo
preferente bien puede ser para ensaladas y para
freír o para hervir con piel, para purés,
sopas y potajes.

Época del año: Las patatas muy tempranas se
dan en el mes de junio; las tempranas, entre
julio y agosto. Las hay también posteriormente,
entre agosto, septiembre y octubre.

Especialmente ricas en hidratos de carbono,
fibra, sodio, magnesio y vitaminas B_6 y C.
100 g de la parte comestible contienen
301 kj/72 kcal.

Compra: Se debe dar preferencia a las que estén
bien limpias y no dañadas; a las que no
presenten manchas verdes, ya que es señal de
que contienen una toxina denominada solanina.

Conservación: A ser posible en un lugar frío y
seco, bien aireado y sin envase, en un cesto. De
esta forma pueden conservarse hasta
3 semanas. Para almacenarlas en la bodega es
necesario, asimismo, que la temperatura sea
fresca y el recinto bien aireado. Importante:
A temperaturas cercanas a la congelación o más
bajas la fécula se transforma en azúcar y
las patatas adquieren un sabor dulce.

Particularidades: La preparación de las patatas
para conservar al máximo sus propiedades
nutritivas es cocerlas con piel. Si se cuecen
peladas deben hacerse con poco líquido, que
posteriormente pueda utilizarse para diversos fines.

Colinabo

El colinabo puede ser de piel verde claro o
violeta oscuro, pero entre ambas variedades no
existe realmente diferencia alguna en cuanto al
sabor y sus sustancias nutritivas. Sus delicadas
hojas contienen de manera especial un elevado
porcentaje de nutrientes, por lo que en todo caso
conviene añadirlas en último lugar a la hora de
cocinarlas (después de lavadas en agua templada
y una vez secadas y picadas).

Época del año: De mayo a octubre.

Especialmente rico en sustancias de lastre
(fibra) y vitamina C.
100 g de la parte comestible contienen
130 kj/31 kcal.

Compra: Dar preferencia a los tubérculos de
tamaño mediano que no presenten grietas y
procurar que las hojas estén frescas.

Conservación: En el departamento para verduras
del frigorífico se conservan hasta 3 días.

Particularidades: Los bulbos jóvenes deben
consumirse preferentemente en crudo o en
ensalada. Los grandes resultan especialmente

adecuados para rellenar, para potajes de verdura o para sopas.

Puerro

Pertenece a la familia de las cebollas. El estival presenta hojas de color verde claro, finas y curvadas que hacia la parte inferior van amarilleando hasta terminar en el rizoma. Este puerro de verano es más blando y más blanco que el de invierno. De este último se usan principalmente los amarillos o blancos. Las hojas de color verde oscuro se usan como un condimento más a añadir a los caldos de carne.

Época del año: Los estivales, de mayo a agosto; los de invierno, de septiembre a abril.

Especialmente rico en sustancias de lastre (fibra), calcio, vitaminas E y B$_6$, ácido fólico y C (tanto el puerro de hojas blancas como amarillas).

100 g de la parte comestible contienen 113 kj/27 kcal.

Compra: Rechazar los puerros que no tengan las hojas sanas, sin deterioros ni partes podridas. Los puerros de invierno tienen un desperdicio de un 50 %; los de verano, de un 30 %, aproximadamente.

Conservación: Una vez lavados a fondo, entreabriendo las hojas para evitar que queden entre ellas residuos de arena o de tierra, los puerros de invierno se cortan por la mitad, se trocean y se blanquean en agua y sal durante 10 minutos a fin de que pierdan un poquito su sabor demasiado fuerte, si así se desea.

Zanahorias

Las hay de muy diversos tamaños, tanto naturales como elaboradas industrialmente y conservadas en envases de vidrio. Las de verano y las de otoño tienen las raíces alargadas y los extremos puntiagudos o achatados y su grosor puede ser muy diverso.

Época del año: De mayo a septiembre. En invierno pueden adquirirse en conserva o de invernadero.

Especialmente ricas en sustancias de lastre (fibra), sodio y vitamina A.

100 g de la parte comestible contienen 170 kj/40 kcal.

Compra: Los manojos de zanahorias de verano deben tener las hojas verdes y frescas. Las tardías no deben estar dañadas o agrietadas ni presentar señales de descomposición.

Conservación: Las zanahorias de verano deben ser consumidas a ser posible el mismo día de la compra, ya que pierden pronto su humedad y se vuelven lacias. Las gruesas de otoño deben mantenerse en lugar oscuro y aireado y envueltas en papel para que no se sequen. Así dispuestas se conservan hasta 8 días. Tratándose del almacenamiento de grandes cantidades, éste deberá hacerse en una bodega, colocándolas en una caja con una mezcla de arena y tierra. Aquí pueden conservarse durante 2 meses.

Particularidades: Las zanahorias jóvenes únicamente deben cepillarse bajo un chorro de agua caliente y luego rasparlas bien. Las tardías hay que lavarlas a fondo, rasparlas o pelarlas antes de proceder a usarlas en la preparación de la receta prevista. Tratándose de zanahorias muy gruesas, hay que cortarles el nervio de color amarillo claro o ligerante verdoso que presentan longitudinalmente en su interior.

Pimientos

Los pimientos se venden en el mercado cuando aún no han alcanzado su plena madurez, no existiendo prácticamente diferencia alguna en cuanto al sabor, ya sean verdes, amarillos o rojos, como tampoco afecta a su color o a las sustancias nutritivas. No obstante, los pimientos amarillos y los rojos se caracterizan por ser más dulces y aromáticos. Los chiles o peperoni,

pequeñitos y alargados, suelen usarse preferentemente como especias. Los peperoni frescos pueden ser también amarillos, verdes o rojos y se usan para la preparación de pizzas y determinados platos de verdura.
Época del año: De julio a noviembre.
Especialmente ricos en sustancias de lastre (fibra), vitaminas A, B_6 y C.
100 g de la parte comestible contienen 100 kj/24 kcal.
Compra: Dar preferencia a los de piel tersa y brillante, sin grietas y que no estén aplastados.
Conservación: Hasta 3 días en el departamento para verduras del frigorífico.
Particularidades: Para rellenar son preferibles los pimientos grandes. Para preparar como verdura y en ensalada puede quitárseles la piel, sobre todo para ser consumidos por personas de estómago delicado. La piel de los pimientos proporciona un alcaloide denominado capsainica, contenido principalmente en los tabiques de separación interiores y en las semillas.

Apio

Hay que distinguir entre el apio como bulbo y el del tallo. Los bulbos jóvenes suelen ser del tamaño de un puño y se venden junto con las hojas verdes y frescas. Los bulbos especialmente desarrollados son de color pardo oscuro y suelen pesar alrededor de un kilogramo. El bulbo tiene un sabor bastante fuerte, por lo que suele usarse también como especia.
Los tallos blandos y delgados conviene consumirlos en crudo;
únicamente deben cocerse los gruesos.
Época del año: De octubre a marzo.
Especialmente rico en sustancias de lastre (fibra), sodio, calcio y vitaminas E y B_6.
100 g de la parte comestible del bulbo contienen 170 kj/40 kcal.
100 g de la parte comestible del tallo contienen 85 kj/20 kcal.

Compra: Los bulbos deben tener las hojas verdes y frescas; los grandes deben ser pesados, ya que de lo contrario es señal de que en su interior hay oquedades esponjosas. El apio en tallo debe ser tenuamente verde y elástico, y los tallos deben ser carnosos y de hojas frescas.
Conservación: Hasta 2 semanas en el departamento para verduras del frigorífico. Los tallos hay que lavarlos y envolverlos en un paño humedecido antes de meterlos al frigorífico (también en el departamento para verduras), conservándose así hasta un máximo de 3 días.
Particularidades: Los bulbos pueden consumirse en crudo, como ensalada o plato de verdura natural. Los de mayor tamaño se usan para cazuelas de verdura o para sopa. Las hojas verdes, frescas y bien picaditas deben lavarse antes de añadirlas al resto del tubérculo. También hay que picar las hojas de los tallos de color verde pálido y añadirlas así al plato preparado. Los grandes nervios del apio en tallo es preciso desprenderlos del mismo de arriba abajo.

Espinacas

Las espinacas invernales cultivadas en el campo y al aire libre y no recolectadas hasta marzo o abril son de consistencia firme, pero de sabor sumamente aromático. Las de verano y otoño se caracterizan por sus delicadas hojas, muy apropiadas para ensaladas.
Época del año: De marzo a septiembre.
Especialmente ricas en sustancias de lastre (fibra), sodio, calcio, magnesio, hierro, yodo, flúor, vitaminas A, E, K, B_6, ácido fólico y C.
100 g de la parte comestible contienen 125 kj/30 kcal.
Compra: Las espinacas frescas de la primera cosecha han de tener las hojas frescas y crujientes; el rizoma no debe ser blando al tacto.
Conservación: Las espinacas deben consumirse siempre inmediatamente después de haberlas comprado; de no ser posible, deberán lavarse,

escogerse y ser envueltas en un paño humedecido, pudiendo entonces conservarse durante 12 horas, como máximo, en el departamento para verduras del frigorífico.
Particularidades: Las espinacas no deben recalentarse nunca, ya que el recalentamiento hace que el nitrato que contienen se convierta en nitrito, indigesto cuando se consume en cantidades grandes. Tratándose de niños, pueden incluso resultar perjudiciales para su salud.

Tomates

En cualquier época del año podemos adquirir hoy en día hermosos tomates, de aspecto impecable, procedentes de cultivos industriales, pero el típico aroma de este fruto y su riqueza en sustancias nutritivas solamente se dan en los tomates cultivados en el campo.
Además de los tomates redondos existe otra variedad de mayor tamaño, por lo general, y caracterizada por su nervadura. Esta variedad es justamente la idónea para los platos de verdura. Otra variedad de tomates más pequeños, en forma ovalada, de pera o de botella abombada resulta, en cambio, especialmente apta para cocer o preparar a la parrilla. Los llamados tomates de «cóctel», de piel especialmente fina e intenso sabor, son, por el contrario, los más pequeños. También se dan, sobre todo en cultivos de huerta, otros tomates pequeños, pero de color verde, especialmente indicados para conserva.
Época del año: De julio a septiembre.
Especialmente ricos en sustancias de lastre (fibra), sodio, magnesio, vitaminas A, K, ácido fólico y C.
100 g de la parte comestible contienen 75 kj/18 calorías.
Compra: Dar preferencia a los que presenten la piel tersa, lisa y sin deterioros, de color homogéneo y que no estén demasiado blandos.
Conservación: Los tomates parcialmente verdes

deben conservarse en un lugar fresco a temperatura ambiente. Los maduros pueden guardarse en el departamento para verdura del frigorífico durante 2 ó 3 días.
Particularidades: Siempre es necesario quitarles las partes verdes y los rabitos, ya que contienen una sustancia tóxica llamada solanina. Para ensaladas finas y platos delicados de verdura conviene pelarlos. Para quienes padezcan del estómago resultarán así mucho más digestivos.

Col

La col (o berza) se caracteriza por su sabor suave y crujiente, a pesar de ser de delicada consistencia. La col temprana presenta un color verde intenso, que se vuelve amarillo pálido al cabo de cierto tiempo de almacenamiento. La col en este estado está cubierta por una ligera capa de crecimiento y sus hojas están muy apretadas.
Época del año: De agosto a noviembre. Debido a que puede almacenarse sin riesgo de deterioro, la col puede adquirirse hasta el mes de marzo.
Especialmente rica en sustancias de lastre (fibra), magnesio, vitaminas K y C.
100 g de la parte comestible contienen 105 kj/25 kcal.
Compra: Dar preferencia a las coles de hojas apretadas.
Conservación: En el departamento para verduras del frigorífico se pueden conservar 1 semana. En una bodega fresca y oscura, hasta 2 meses.
Particularidades: La col permite gran variedad de preparaciones, tanto cruda como cocida.

Col rizada

De la misma familia que la col, se caracteriza por sus hojas externas rizadas, como su propio nombre indica, de color verde oscuro a verde pálido. Las hojas internas son de color verde pálido o amarillo pálido. Cuanto más oscuro es el color de la col, tanto más fuerte es su sabor.

Glosario y calendario de verduras

Época del año: De agosto a enero.
Especialmennte rica en sustancias de lastre
(fibra), sodio, vitamina C y ácido fólico.
100 g de la parte comestible contienen
125 kj/30 kcal.
Compra: Mejor las coles de hojas apretadas.
Conservación: En el departamento para verduras
del frigorífico pueden conservarse hasta 4 días;
en una bodega oscura y fresca, sobre una rejilla
de madera, hasta 4 semanas.
Particularidades: Las dos hojas externas de la col
siempre deben desecharse. Las coles de color
oscuro conviene blanquearlas durante 3 minutos
en agua hirviendo. Luego se cortan en tiras y se
cuecen a fuego lento y con poca agua.

Calabacines

Son el fruto de una planta cucurbitácea. El color
de su piel varía entre verde pálido y verde
oscuro. A veces presenta también franjas
amarillas. Los de tamaño pequeño se consumen
con la piel, los de mayor tamaño es preciso
pelarlos. Las semillas de dentro de la bulba, de
color pálido, también son comestibles.
Época del año: De mayo a octubre.
Especialmente ricos en sustancias de lastre (fibra)
100 g de la parte comestible contienen
120 kj/30 kcal.
Compra: Dar preferencia exclusiva a los frutos
más bien duros, que no cedan al ser apretados
con el dedo.
Conservación: Envueltos en papel pueden
conservarse hasta 5 días en el departamento para
verduras del frigorífico.
Particularidades: Los calabacines pequeños es
frecuente prepararlos cortados en rodajas y fritos,
enharinados, o bien a la parrilla. Los de mayor
tamaño se ahuecan y se rellenan con carne.

Cebollas

La vulgar cebolla amarilla es la más importante
desde el punto de vista culinario, ya que es la

que mejor se conserva. En primavera y en otoño
se ofertan las de temporada junto con las
cebolletas, caracterizadas por su fino aroma y
cuyas hojas verdes también se aprovechan. Una
variedad importante la constituyen los llamados
chalotes (en algunas regiones («chalotas»). Son
pequeñitas, con una delicada raíz y su uso
en la cocina es frecuentísimo, en sustitución
de la cebolla propiamente dicha, de sabor mucho
más fuerte.
Época del año: Las cebollas corrientes se venden
en el mercado durante todo el año. Las
tempranas se dan entre los meses de abril y julio.
Las tardías, entre junio y noviembre.
Especialmente ricas en sustancias de lastre
(fibra) y vitamina C.
100 g de la parte comestible contienen
165 kj/40 kcal.
Compra: Dar preferencia a las cebollas duras y
secas. Tratándose de cebollas de primavera,
procurar que sean redondas y con los extremos
pálidos, no demasiado largos. También es
importante que las hojas sean crujientes.
Conservación: En el departamento para verduras
del frigorífico las cebollas primaverales se
conservan hasta 3 días. Todas las demás
variedades deben conservarse en lugar fresco y
seco, preferentemente oscuro.
Particularidades: El típico sabor de la cebolla
está determinado principalmente por su
contenido en azúcar y en aceites etéreos ricos en
azufre, que son los que producen las lágrimas al
cortarlas. Poniéndolas brevemente bajo el chorro
del grifo de agua fría, después de peladas, este
inconveniente se reduce bastante.

kj = kilojulio, kcal = kilocaloría. Todos los
datos referentes a las sustancias nutritivas
se refieren siempre a 100 g de la parte
comestible en crudo.

Sopas y potajes

Sopa de verdura a la jardinera

Ingredientes para 4 personas:
2 cebollas - 4 dientes de ajo - 250 g de zanahorias -
250 g de judías verdes - 3 cucharadas de mantequilla -
1½ l de caldo de carne - 100 g de pasta (caracolillos o
conchitas) - sal - 400 g de calabacines - 1 manojo
de cebolletas - 4 tomates pequeños - 150 g de guisantes
congelados - pimienta negra recién molida - Unas
chispas de tabasco - 4 cucharadas de queso parmesano
recién rallado.
Por persona: 1 600 kj/380 kcal.
16 g de proteínas - 15 g de grasa - 44 g de
hidratos de carbono.

Tiempo de preparación: 30 minutos.
Tiempo de cocción: 45 minutos.

Se prepara así: Pelar las cebollas y cortarlas en
aros. Pelar los ajos y cortarlos a la larga. Lavar
bien las zanahorias, rasparlas y cortarlas en
rodajitas. Asimismo, partir las judías en trozos y
lavarlas. Rehogar en mantequilla las cebollas, las
zanahorias y las judías removiendo de vez en
cuando, agregar el caldo y el ajo y cocer
30 minutos a fuego lento. Mientras, cocer la pasta
en agua hirviendo con sal y escurrirla. Lavar los
calabacines, secarlos y cortarlos en rodajas; lavar
las cebolletas y cortarlas también en rodajas;
escaldar los tomates, pelarlos y cortarlos a la
mitad. Añadir a la sopa todos estos ingredientes
y cocer otros 10 minutos más a fuego lento.
Mezclar la pasta con la sopa. Sazonar con sal,
pimienta y tabasco y espolvorear con queso antes
de servirla.

Sugerencia: Las sopas de verdura
pueden congelarse muy bien, por eso se
recomienda preparar más cantidad. Su
duración en el congelador es de 3 meses.

Sopa de verdura a la milanesa

Ingredientes para 4 personas:
100 g de alubias blancas - 1 cebolla - 1 tallo de apio -
2 cucharadas de mantequilla - 1 cucharada de aceite de
oliva - 1 cucharada de tomate concentrado - 1½ l de
caldo de carne - 1 puerro - 2 zanahorias - 2 calabacines -
1 patata grande - 200 g de col rizada - 2 tomates -
150 g de guisantes congelados - 1 ramillete de perejil -
3 hojas de salvia fresca - 2 dientes de ajo - 75 g de
tocino - 100 g de arroz de grano largo - sal - pimienta
negra recién molida - 4 cucharadas de queso parmesano
recién rallado.
Por persona: 2 200 kj/520 kcal.
17 g de proteínas - 26 g de grasa - 56 g de
hidratos de carbono - 18 g de fibra.

Remojo: 12 horas.
Tiempo de preparación: 15 minutos.
Tiempo de cocción: 1 hora.

Se prepara así: Remojar las alubias en agua fría
durante la noche. Picar la cebolla; limpiar y
lavar el apio, quitarle los hilos y cortarlos en
trocitos finos. Calentar en una cazuela la
mantequilla y el aceite y rehogar la cebolla y el
apio unos 5 minutos. Desleír el tomate
concentrado en la mitad de caldo y añadirlo.
Escurrir las alubias y añadirlas también llevando
todo a ebullición. Lavar el puerro y cortarlo en
rodajas; raspar las zanahorias. Cortar los dos

lados de los calabacines; pelar las patatas; limpiar la col y cortarla en tiras finas, las zanahorias y los calabacines en rodajas y las patatas en dados. Poner en un colador todas las verduras, lavarlas bien y añadirlas a la cazuela, tapar y cocer 30 minutos a fuego lento. Escaldar los tomates, pelarlos y cortarlos en gajos. Añadirlos a la sopa junto con los guisantes. Lavar el perejil y la salvia y pelar los ajos. Picar el tocino con los otros ingredientes preparados hasta formar una pasta, añadirla a la sopa y agregar el resto del caldo. Cocer hasta un total de 50 minutos y añadir el arroz cociéndolo hasta que esté en su punto. Salpimentar. Espolvorear con queso rallado, remover y servir en seguida.

Minestrone

Foto enfrente

Las sabrosas y espesas sopas de verdura se llaman en Italia minestrone. Se sirven con pan blanco o pan de pueblo. Todo aquello que el ama de casa italiana encuentra en el mercado, ya sean verduras o finas hierbas, carga con ello en la cesta de la compra, y una vez en casa preparará sus exquisitos platos poniendo en la tarea toda su afabilidad y entusiasmo. Seguro que a usted, por su parte, también le encantará realizar sus propios experimentos.

Ingredientes para 4 personas:
2 cebollas - 2 dientes de ajo - 2 zanahorias grandes - 1 colinabo - 125 g de bulbo de apio - 200 g de judías verdes - 200 g de col rizada - 200 g de coliflor - 50 g de bacon - 3 cucharadas de aceite de oliva - 1½ l de caldo de carne - 125 g de espaguetis - sal - 2 tomates - 125 g de guisantes congelados - pimienta blanca recién molida - 1 ramita de tomillo recién picada - ½ ramillete de perejil recién picado - 3 cucharadas de vino tinto seco.

Por persona: 1 700 kj/400 kcal.
14 g de proteínas - 16 g de grasa - 48 g de hidratos de carbono - 13 g de fibra.

Tiempo de preparación: 30 minutos.
Tiempo de cocción: 40 minutos.

Se prepara así: Pelar las cebollas y los ajos y picarlos muy finos. Raspar y lavar las zanahorias. Quitar al colinabo las hojas duras y picar el resto de las hojas. Reservarlas. Pelar el colinabo y el apio y lavarlos. Partir en trozos las judías y lavarlas. Asimismo, lavar la col y picarla con el resto de las verduras. Lavar la coliflor separando sus ramas. Cortar el bacon en dados. Calentar el aceite en una cazuela, glasear la cebolla, el ajo y el bacon, añadir las verduras picadas y rehogar todo unos 3 minutos. Agregar el caldo y dejar cocer 30 minutos a fuego lento. Mientras, cocer los espaguetis en agua de sal y ya en su punto escurrirlos en un colador. Escaldar los tomates, pelarlos y cortarlos en gajos. Añadirlos a la sopa con los guisantes y cocer 7 minutos más. Salpimentar al gusto. Finalmente añadir las hierbas, las hojitas de colinabo picadas, el vino tinto y los espaguetis. Se sirve con queso parmesano espolvoreado por encima.

Existen numerosas variaciones de la sopa de verdura. Verdura fresca abundante y finas hierbas, también frescas, son el secreto del minestrone, cuyo origen es italiano. Receta en esta página.

Pichelsteiner

Foto enfrente

Un estofado alemán popular desde los Alpes hasta el litoral. Su nombre proviene de una montaña de Baviera llamada Büschelstein. Por eso en muchos lugares se le llama a este plato Büschelsteiner.

Ingredientes para 4 personas:
200 g de carne de novillo (costilla) - 200 g de cordero lechal (pierna o paletilla) - 200 g de carne magra de cerdo - 2 puerros - 4 zanahorias medianas - 1 bulbo pequeño de apio - 350 g de repollo - 500 g de patatas - 2 cebollas grandes - 100 g de bacon - 50 g de manteca de cerdo - sal - pimienta negra recién molida - 1 cucharada colmada de mejorana seca - 2 hojas de té levístico picadas gruesas - 1 hoja de laurel - ½ l de caldo caliente de carne - 1 ramillete de perejil recién picado.
Por persona: 3 500 kj/830 kcal.
39 g de proteínas - 55 g de grasa - 47 g de hidratos de carbono - 25 g de fibra.

Tiempo de preparación: 50 minutos.
Tiempo de cocción: 1 hora y 30 minutos.

Se prepara así: Lavar la carne, secarla y cortarla en trozos de unos 3 cm. Lavar bien la verdura, cortar el puerro en aros, las zanahorias y el apio en dados y la col en tiras. Pelar las patatas y trocearlas. Picar las cebollas y el bacon. Calentar la manteca en una sartén y sofreír el bacon y las

◁ Para hacer este sabroso plato hay que tomarse algo más de tiempo, pero vale la pena intentarlo. Las fotos (de izquierda a derecha) nos muestran los ingredientes necesarios. Se pica la verdura, se corta la carne en dados y se rehoga junto con el bacon. Luego se coloca en una cazuela alternando verdura y carne, poniendo por último una capa de patatas. Regado con caldo de carne, este estofado despliega todo su fuerte y estupendo aroma. Receta en esta página.

cebollas picadas hasta que estén transparentes; añadir la carne y dorarla. En una cazuela aparte poner la carne, las verduras y las patatas (una capa de cada cosa). Espolvorear cada capa con sal, pimienta, mejorana y té levístico. Concluir con una capa de patatas. Poner el laurel encima y regar con el caldo de carne. Cocer tapado 1 hora y 30 minutos a fuego lento y sin remover. Servir espolvoreado con perejil.

Cazuela a la jardinera

Ingredientes para 4 personas:
1 cebolla grande - 150 g de champiñones pequeños - 2 puerros delgados - 1 tallo de apio - ½ bulbo pequeño de apio - 500 g de col rizada - 4 tomates - 2-4 dientes de ajo - 2 cucharadas de mantequilla - 2 cucharadas de aceite - ¼ l de caldo de carne - 1 ramita de levística recién picada - sal - pimienta blanca recién molida - ½ ramillete de perejil picado grueso.
Por persona: 1 000 kj/240 kcal.
17 g de proteínas - 26 g de grasa - 56 g de hidratos de carbono - 18 g de fibra.

Tiempo de preparación: 20 minutos.
Tiempo de cocción: 30 minutos.

Se prepara así: Pelar la cebolla y picarla gruesa. Lavar los champiñones y cortarlos a la mitad. Limpiar y lavar los puerros y el apio, cortar los puerros en rodajas, el apio en tallo en trocitos y el apio en bulbo pelarlo y cortarlo en dados. Cortar la col en tiras finas y lavarla bien en un colador. Escaldar los tomates, pelarlos y cortarlos a la mitad. Pelar los ajos. Calentar en una cazuela la mantequilla y el aceite, rehogar la cebolla y los champiñones hasta que se dore la cebolla. Añadir el puerro, el apio y la col y rehogar todo 2 minutos más. Agregar el caldo, los tomates, el ajo prensado y la levística; remover y dejar cocer 30 minutos a fuego lento. Salpimentar y servir espolvoreado con perejil picado.

Verduras con picadillo

Ingredientes para 4 personas:
100 g de bacon - 2 cebollas - 2 dientes de ajo - 500 g de judías verdes - 2 ramitas de ajedrea fresca - 2 cucharadas de aceite - 400 g de carne de cerdo picada - ½ l de caldo caliente de carne - 2 pimientos rojos - 250 g de tomates - ½ cucharadita de pimentón dulce - 2 hojitas de salvia recién picadas o 1 pizca de salvia seca - sal.
Por persona: 2 300 kj/580 kcal.
27 g de proteínas - 41 g de grasa - 16 g de hidratos de carbono - 6 g de fibra.

Tiempo de preparación: 30 minutos.
Tiempo de cocción: 50 minutos.

Se prepara así: Cortar el bacon en dados y picar las cebollas y los ajos. Limpiar las judías, lavarlas y partirlas en trozos. Lavar la ajedrea. Calentar el aceite en una cacerola y glasear el bacon, la cebolla y el ajo. Añadir la carne y dorarla removiendo de vez en cuando. Incorporar las judías y la ajedrea, regar con el caldo y cocer el conjunto unos 30 minutos a fuego lento. Lavar los pimientos y cortarlos en tiras. Escaldar los tomates, pelarlos y cortarlos en trozos. Añadirlos a la carne junto con los pimientos y cocer otros 20 minutos más. Retirar la ajedrea. Sazonar con las especias. Se sirve con pan blanco de barra.

Variante: Judías verdes a la italiana
Sofreír en 4 cucharadas de aceite de oliva 200 g de cebolla cortada en aros y 1 diente de ajo picado muy fino. Añadir 750 g de judías verdes troceadas y 500 g de tomates pelados. Agregar ⅛ l de caldo de carne y cocer tapado 30 minutos a fuego lento. Sazonar con sal y pimienta blanca. Espolvorear con 1 cucharada de perejil, 1 cucharada de ajedrea y ½ cucharadita de salvia, todo recién picado. Tapar y dejar reposar unos minutos. Resulta también muy sabrosa aderezada con vinagre.

Calabacines con pescado

Puede conseguir desperdicios de pescado, como cabezas, colas, pieles y espinas encargándoselas al pescadero.

Ingredientes para 4 personas:
1 ramillete para el caldo (puerro, zanahoria y apio) - 750 g de desperdicios de pescado - 1 hoja de laurel - 10 granos de pimienta negra - 5 bayas de enebro - sal - 600 g de filetes de dorada - el zumo de 1 limón - 750 g de calabacines - 500 g de patatas - 250 g de cebollas - 3 cucharadas de mantequilla - 1 cucharada de harina - 15 hojas de estragón fresco desmenuzado - pimienta blanca recién molida.
Por persona: 1 700 kj/400 kcal.
34 g de proteínas - 15 g de grasa - 36 g de hidratos de carbono - 3 g de fibra.

Tiempo de preparación: 55 minutos.

Se prepara así: Lavar el ramillete y picarlo. Lavar los desperdicios de pescado con agua fría. En una cazuela sin grasa tostar el ramillete picado unos 2 minutos sin dejar de remover. Añadir los desperdicios de pescado, el laurel, la pimienta y el enebro y agregar 1½ l de agua de sal. Cocer 30 minutos a fuego lento, colarlo y reservar el caldo. Mientras, lavar el pescado, cortarlo en trozos grandes y rociarlo con la mitad del zumo de limón. Lavar los calabacines y cortarlos en rodajas. Pelar y lavar las patatas y cortarlas en dados. Cortar las cebollas en aros y glasearlos en la mantequilla derretida; espolvorear con harina y dorarla sin dejar de remover. Añadir las patatas, los calabacines y el caldo de pescado y cocer 10 minutos a fuego lento. Incorporar los trozos de pescado y el estragón y dejar reposar 5 minutos sin que vuelva a cocer. Sazonar con sal, pimienta y el zumo de limón restante.

Gallina ciega

El porqué este plato típico de Westfalia se llama precisamente gallina ciega no hay quien pueda aclararlo, pues no hay gallina en sus ingredientes.

Ingredientes para 6 personas:
200 g de alubias blancas - 500 g de bacon - 300 g de judías verdes - 300 g de zanahorias - 300 g de patatas - 200 g de manzanas agrias - 200 g de peras de carne firme - 2 cebollas - 2 cucharadas de mantequilla - sal - pimienta blanca recién molida - 1/2 ramillete de perejil picado grueso.
Por persona: 3 300 kj/790 kcal.
19 g de proteínas - 59 g de grasa - 46 g de hidratos de carbono - 15 g de fibra.

Tiempo de preparación, incluido remojo: unas 12 horas.
Tiempo de cocción: 1 hora y 40 minutos.

Se prepara así: Remojar las alubias en 2 l de agua fría durante la noche. Cocerlas en la misma agua de remojo con el bacon, a fuego lento, durante 1 hora. Limpiar las judías verdes,

lavarlas y partirlas en trozos. Raspar las zanahorias, lavarlas y cortarlas en dados. Añadir a las alubias las judías verdes, las zanahorias y las patatas y cocer todo 20 minutos más. Pelar las manzanas y las peras, quitar las semillas, cortarlas en lonchas y añadirlas también a la cazuela, dejando cocer 20 minutos. Sacar el bacon y cortarlo en dados. Pelar las cebollas, picarlas y dorarlas en la mantequilla. Añadirlas también junto con el bacon picado. Salpimentar y servir espolvoreado con perejil.

Pitter y Jupp

Renania y Westfalia son conocidas por sus sabrosos potajes. «Pitter» y «Jupp» suelen ser nombres frecuentes de los que sirven detrás del mostrador de bares y cervecerías, en cuyos locales se puede tomar la deliciosa e imprescindible «altbierchen» (caña de cerveza) como acompañamiento de sabrosos menús.

Ingredientes para 4 personas:
500 g de col rizada - 500 g de zanahorias - 500 g de patatas - 1 ramillete de verduras para el caldo - 3 cucharadas de mantequilla - 1/2 l de caldo de carne - sal - pimienta blanca recién molida - nuez moscada rallada - 4 salchichas ahumadas - 1-2 ramilletes de perejil recién picado.
Por persona: 3 300 kj/790 kcal.
20 g de proteínas - 62 g de grasa - 37 g de hidratos de carbono - 17 g de fibra.

Tiempo de preparación: 25 minutos.
Tiempo de cocción: 40 minutos.

Se prepara así: Limpiar la col, lavarla y cortarla en tiras finas. Raspar las zanahorias, lavarlas y cortarlas en juliana gruesa. Pelar las patatas, lavarlas y trocearlas. Lavar y picar el ramillete verde. Calentar la mantequilla en una cazuela y rehogar la col unos 3 minutos sin dejar de remover. Agregar el caldo. Colocar en capas las zanahorias, las patatas y el ramillete; tapar la cazuela y cocer 40 minutos a fuego lento. Triturar las verduras con la mano del mortero sin que se hagan puré y sazonarlas con sal, pimienta y nuez moscada. Cortar las salchichas en rodajas y mezclarlas con la verdura. Añadir también el perejil picado y mezclarlo. Servirlo en una terrina precalentada.

Peras, habas y tocino

En esta olla típica de Hamburgo no pueden faltar las pequeñas peras agustinas (bergamotas). Si se utilizan peras dulces y jugosas, alterarían el sabor típico del plato.

Ingredientes para 4 personas:
¾ l escasos de agua - 500 g de bacon - 1 kg de habas verdes - 750 g de patatas - 2 ramitas de ajedrea - 500 g de peras bergamotas - sal - pimienta blanca recién molida - ½ ramillete de perejil recién picado.
Por persona: 4 500 kj/1 100 kcal.
21 g de proteínas - 83 g de grasa - 62 g de hidratos de carbono - 14 g de fibra.

Tiempo de preparación: 1½ horas.

Se prepara así: Hervir el agua y cocer el bacon 20 minutos a fuego lento. Limpiar las habas verdes, partirlas en trozos y lavarlas. Pelar las patatas, cortarlas en rodajas y lavarlas. Añadir ambas cosas al bacon y también la ajedrea. Cocer 15 minutos más. Lavar las peras y añadirlas a la cazuela (sin pelar y con el rabillo). Cocer 20 minutos, al final de los cuales se saca el

bacon y se corta en lonchas. En una fuente redonda precalentada colocar las peras alrededor del borde. Salpimentar las habas y las patatas. Quitar la ajedrea y mezclar el perejil. Servir en el centro de la fuente y poner el bacon por encima. Si se desea se sirve con mostaza.

Sugerencia: Puede variarse cociendo las patatas con piel y sirviéndolas aparte, en lugar de cocerlas con la verdura.

Arroz con puerros

Ingredientes para 4 personas:
500 g de puerros - 1 diente de ajo - 3 cucharadas de
aceite de oliva - 50 g de mantequilla - 1 litro de caldo
caliente de carne - sal - pimienta blanca recién molida -
300 g de arroz de grano redondo - 3 cucharadas de queso
parmesano recién rallado.
Por persona: 1 900 kj/450 kcal.
10 g de proteínas - 19 g de grasa - 67 g de
hidratos de carbono - 14 g de fibra.

Tiempo de preparación: 20 minutos.
Tiempo de cocción: 40 minutos.

Se prepara así: Limpiar los puerros, lavarlos bien
y secarlos, luego cortarlos en trozos de 3 cm.
Picar el ajo. Calentar en una cazuela el aceite y
la mitad de la mantequilla, añadir el ajo y el
puerro y rehogarlos 2 minutos. Agregar ⅛ l de
caldo, tapar y dejar cocer 20 minutos a fuego
lento. Salpimentar. Añadir el arroz y más caldo
hasta que todo quede cubierto. Dejar cocer
lentamente y sin tapar hasta que el líquido se
haya consumido, añadir más caldo poco a poco
hasta que hayan pasado 20 minutos y el arroz
esté en su punto. Mezclar con el resto
de mantequilla y el queso parmesano y servir.

Arroz con calabacines

Ingredientes para 4 personas:
50 g de bacon - 1 cebolla - 1 diente de ajo - 500 g de
calabacines - 50 g de mantequilla - 300 g de arroz de
grano redondo - sal - pimienta blanca recién molida -
1 litro de caldo caliente de carne - 1 ramillete de perejil
recién picado - 3 cucharadas de queso parmesano recién
rallado.
Por persona: 2 000 kj/480 kcal.
11 g de proteínas - 21 g de grasa - 67 g de
hidratos de carbono - 1 g de fibra.

Tiempo de preparación: 20 minutos.
Tiempo de cocción: 35 minutos.

Se prepara así: Picar el bacon, la cebolla y el
ajo. Lavar los calabacines, secarlos y cortarlos en
rodajas. Derretir en una cazuela la mitad de la
mantequilla y sofreír el bacon, la cebolla y el ajo
de 3 a 5 minutos. Añadir los calabacines y
dorarlos. Asimismo, añadir el arroz y remover.
hasta que esté transparente. Salpimentar y
añadir caldo hasta que todo quede cubierto.
Cocer a fuego lento y sin tapar. Cuando se haya
consumido el líquido añadir poco a poco el caldo
restante. Pasados 20 minutos añadir el resto de
mantequilla, el perejil y el queso parmesano y
mezclarlo bien. Servir en seguida.

Pepinos estofados

Los pepinos especiales para guisar son más pequeños y más gruesos que los de ensalada. Tienen un sabor especialmente bueno cuando están muy maduros.

Ingredientes para 4 personas:
1 kg de pepinos maduros - 75 g de bacon - 1 cebolla grande - 2 tomates - 1 cucharada de mantequilla - sal - pimienta blanca recién molida - ½ cucharadita de pimentón dulce - ½ ramillete de perejil y ½ de eneldo finamente picados - 4-6 cucharadas de nata agria.
Por persona: 900 kj/210 kcal.
5 g de proteínas - 17 g de grasa - 10 g de hidratos de carbono - 12 g de fibra.

Tiempo de preparación: 20 minutos.
Tiempo de cocción: 20 minutos.

Se prepara así: Pelar los pepinos, cortarlos por la mitad y a la larga y vaciarlos con una cucharilla. Cortar la pulpa en trozos grandes. Cortar el bacon en dados y picar la cebolla. Escaldar los tomates, pelarlos y cortarlos en cuartos. Sofreír el bacon y la cebolla en la mantequilla derretida durante 3 minutos y sin dejar de remover añadir los pepinos y los tomates, sazonar con sal, pimienta y pimenton y dejar cocer tapado 15 minutos a fuego lento. Mezclar el perejil y el eneldo con la nata y añadirlo a la verdura. Calentar de nuevo y servir.

Variante: Pepinos guisados
Pelar 750 g de pepinos, vaciarlos y cortarlos en trozos. Cortar en tiras 250 g de pimientos verdes y 250 g de rojos. Picar 2 cebollas y 2 dientes de ajo. Cortar en dados 125 g de bacon y freírlos, añadir la cebolla y el ajo y dorarlos ligeramente. Incorporar los pimientos y los pepinos y cocer unos minutos. Agregar ¼ l de caldo y sazonar con sal, pimienta blanca y pimentón dulce. Finalmente añadir 50 g de tomate concentrado y remover hasta que se mezcle bien. Cocer 20 minutos a fuego lento. Antes de servir añadir 200 g de crema fresca o nata agria y espolvorear con pimentón.

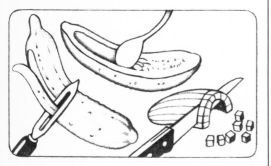

Para hacer los pepinos estofados, se pelan previamente, se retiran las pepitas con ayuda de una cuchara, se cortan por la mitad y a lo largo y se trocean.

Arroz con verduras

Ingredientes para 4 personas:
2 cebollas rojas - 250 g de col rizada - 3 pimientos (rojo, verde y amarillo) - 2 calabacines pequeños - 3 cucharadas de mantequilla - 250 g de arroz de grano redondo - pimienta negra recién molida - ¾ l de caldo caliente de carne - 3 cucharadas de queso parmesano recién rallado.
Por persona: 1 500 kj/360 kcal.
11 g de proteínas - 8 g de grasa - 62 g de hidratos de carbono - 4 g de fibra.

Tiempo de preparación: 20 minutos.
Tiempo de cocción: 25 minutos.

<u>Se prepara así:</u> Pelar las cebollas y cortarlas en aros. Limpiar la col, lavarla y cortarla en juliana. Cortar los pimientos por la mitad y a la larga, quitar las semillas, lavarlos y cortarlos en tiras. Lavar los calabacines y cortarlos en rodajas. Calentar la mantequilla en una sartén grande y glasear la cebolla y el arroz, añadir la col, los pimientos y los calabacines y rehogar todo durante 3 minutos aproximadamente. Sazonar con pimienta. Agregar la mitad del caldo, remover y dejar cocer 10 minutos a fuego lento. Agregar el resto del caldo y cocer 10 minutos más. Espolvorear con queso rallado y servir en seguida.

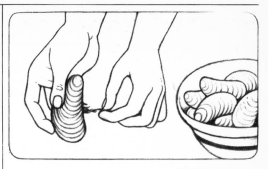

Antes de cocer los mejillones, se cepillan bien las conchas bajo el chorro de agua fría y se limpian bien las barbas.

Verdura con mejillones

Ingredientes para 4 personas:
1½ kg de mejillones - ¼ l de caldo de verdura - ⅛ l escaso de vino blanco seco - 3 cebollas - 3 dientes de ajo - 500 g de patatas - 500 g de calabacines - 500 g de tomates - 3 cucharadas de mantequilla - sal - pimienta negra recién molida.
Por persona: 2 300 kj/550 kcal.
51 g de proteínas - 17 g de grasa - 44 g de hidratos de carbono - 6 g de fibra.

Tiempo de preparación: 25 minutos.
Tiempo de cocción: 40 minutos.

<u>Se prepara así:</u> Limpiar bien los mejillones con un cepillo bajo el chorro de agua y quitar bien las barbas. Desechar los mejillones abiertos. Calentar el caldo con el vino, meter los mejillones y cocerlos tapados entre 5 y 8 minutos. hasta que se abran, escurrirlos en un colador y reservar el caldo de cocción. Desechar los que queden cerrados. Pelar las cebollas y los ajos y cortarlos en finas rodajas; pelar las patatas, lavarlas y cortarlas también en rodajas. Hacer lo mismo con los calabacines, pero sin pelarlos. Escaldar los tomates, pelarlos y cortarlos en trozos gruesos. Calentar la mantequilla en una cazuela y dorar en ella la cebolla y el ajo, añadir las patatas y los calabacines y dejar cocer 3 minutos removiendo de vez en cuando. Agregar 1 taza de caldo de cocer los mejillones y cocer 20 minutos más a fuego muy suave. Añadir los tomates y los mejillones para que se calienten y salpimentar al gusto.

Arroz natural con verduras

Foto enfrente

Sugerencia: Los pimientos y los calabacines pueden sustituirse por dados de tomate y tiras de berenjena.

Un plato integral, sabroso y aromático.

Ingredientes para 4 personas:
300 g de arroz natural de grano largo - ¾ l de caldo caliente de verdura - 1 cebolla pequeña - ½ hoja de laurel - 2 clavos de especia - 1 pizca de sal de hierbas y 1 pizca de pimienta negra recién molida - 2 pimientos verdes, 1 amarillo y 1 rojo - 2 calabacines pequeños - 1-5 cucharaditas de pimentón dulce - ½ ramillete de perejil recién picado.
Por persona: 470 kj/110 kcal.
8 g de proteínas - 1 g de grasa - 50 g de hidratos de carbono - 2 g de fibra.

Tiempo de preparación: 30 minutos.
Tiempo de cocción: 40 minutos.

Se prepara así: Lavar el arroz con agua templada, escurrirlo y ponerlo en una cazuela. Regarlo con el caldo de verdura. Pelar la cebolla y mecharla con el laurel y los clavos de especia. Añadirla al arroz, sazonar con sal de hierbas y pimienta y cocer 40 minutos a fuego muy suave. Si es necesario, añadir agua casi al final de la cocción y remover con un tenedor. Limpiar los pimientos de pieles y semillas, lavarlos y cortarlos en tiras de 2 cm de ancho. Lavar y secar los calabacines, cortarlos a la mitad y a la larga y luego en trozos de 5 cm de largo por 2 cm de ancho. Cuando el arroz haya cocido 20 minutos añadir los pimientos y 10 minutos antes de concluir la misma añadir los calabacines. Sacar la cebolla y no usarla. Sazonar con pimentón. Antes de servirla espolvorear la superficie con perejil picado.

El arroz natural o integral está sin mondar y sin pulir, por ello es rico en sustancias minerales y su sabor es fuerte. Las fotos (de izquierda a derecha) nos muestran cómo rociar el arroz con el caldo y el condimento con cebolla, laurel y clavo. Se añaden pimientos cortados en dados y calabacines cortados en forma de palitos. Finalmente se sazona el arroz con pimentón y abundantes finas hierbas frescas. Receta en esta página.

Verduras rellenas

Calabacines gratinados

Los calabacines son muy apropiados para gratinados por su rápida cocción.

Ingredientes para 4 personas:
4 calabacines de 200 g cada uno - 2 cebollas - 2 dientes de ajo - 1 cucharada de aceite de oliva - 100 g de queso Emmental - 400 g de carne picada mixta (novillo y cerdo) - 2 cucharadas de cebollino picado - 2 huevos - sal - 2 cucharaditas de pimentón dulce - 4 cucharadas de pan rallado - 50 g de mantequilla.
Para el molde: Mantequilla o aceite.
Por persona: 2 500 kj/600 kcal.
34 g de proteínas - 43 g de grasa - 15 g de hidratos de carbono - 0,5 g de fibra.

Tiempo de preparación: 40 minutos.
Tiempo de gratinado: 25 minutos.

Se prepara así: Lavar y secar los calabacines y cortarlos a la larga. Con una cucharilla sacar la pulpa, dejando un borde de 1 cm de ancho. Picar la pulpa obtenida. Picar las cebollas y los ajos y rehogarlos en el aceite. Rallar grueso el queso y reservar la mitad. Poner la carne picada en un recipiente y mezclarla con el cebollino, la mitad del queso, el picado de ajo y cebolla, los huevos y la pulpa de calabacín; remover todo bien y sazonar con sal y pimentón. Calentar el horno a 210°. Engrasar con mantequilla o aceite un molde de soufflé y rellenarlo con la mezcla de carne picada. Mezclar el queso reservado con el pan rallado y espolvorear la carne. Poner por encima unos copos de mantequilla y meter al horno en la bandeja central. Gratinar 25 minutos hasta que la superficie esté dorada y crujiente. Se sirve con salsa de tomate. Hacer un puré con 4 tomates pelados, añadir un poco de caldo de carne para calentarlo y condimentar al gusto. Se acompaña con pan blanco.

Pimientos rellenos en salsa de tomate

Ingredientes para 4 personas:
4 pimientos verdes de 200 g cada uno - sal - 1 cebolla grande - 2 dientes de ajo - 100 g de champiñones - 2 cucharadas de aceite - 400 g de carne picada mixta (novillo y cerdo) - 200 g de arroz de grano largo cocido - 1 huevo - ½ cucharadita de romero seco - 2 cucharadas de perejil recién picado - ¼ l de caldo caliente de carne (cubito) - 4 cucharadas de tomate concentrado - 100 g de nata agria - 1 pizca de azúcar - 1 pizca de pimentón picante.
Por persona: 1 900 kj/450 kcal.
27 g de proteínas - 29 g de grasa - 25 g de hidratos de carbono - 3 g de fibra.

Tiempo de preparación: 20 minutos.
Tiempo de cocción: 40 minutos.

Se prepara así: Cortar a los pimientos una tapa por la parte del rabillo. Limpiarlos de semillas y lavarlos bien. Salarlos ligeramente en su interior. Picar la cebolla y el ajo; limpiar los champiñones, lavarlos y cortarlos en laminillas. Calentar el aceite y glasear el picado de cebolla y

◁ La moussaka es uno de los platos más conocidos de la cocina mediterránea. En este gratinado se esconden cebollas, berenjenas, tomates, pepinos y carne picada bajo una fina capa de queso y salsa de bechamel. Receta en página 41.

ajo, añadir los champiñones y la carne picada y sofreírlo hasta que la carne pierda color. Mezclar con el arroz, el huevo, el romero desmenuzado y el perejil y salar ligeramente. Rellenar los pimientos con la mezcla, colocarlos en una cazuela y rociarlos con el caldo. Colocarles la tapita y cocerlos 40 minutos a fuego lento. Ya cocidos servirlos en una fuente y mantenerlos calientes. Mezclar el líquido de la cazuela con el tomate concentrado y la nata y sazonar con poca sal, azúcar y pimentón. Servir en salsera aparte.

Las mitades de los calabacines previamente preparadas, se rellenan abundantemente, se unen de nuevo y se sujetan con una loncha de bacon colocada alrededor.

Calabacines rellenos

Ingredientes para 4 personas:
400 g de espinacas tiernas - 4 calabacines de 250 g cada uno - 3 dientes de ajo - 100 g de queso suave de oveja - 2 cucharadas de queso parmesano recién rallado - 4 cucharadas de pan rallado - 1 huevo grande - 2 cucharadas de aceite - sal - pimienta blanca recién molida - 8 lonchas de tocino de jamón - ⅛ l escaso de caldo de carne - 3 cucharadas de vino blanco seco.
Por persona: 2 100 kj/500 kcal.
25 g de proteínas - 31 g de grasa - 27 g de hidratos de carbono - 4 g de fibra.

Tiempo de preparación: 30 minutos.
Tiempo de cocción: 40 minutos.

Se prepara así: Limpiar y lavar las espinacas. Bien húmedas ponerlas en una cazuela y mantenerlas allí, a fuego medio, hasta que se aplasten. Escurrirlas en un colador. Lavar los calabacines, secarlos, cortarlos a la larga y vaciarlos dejando un borde estrecho. Picar el ajo y la pulpa de los calabacines y escurrirla, luego ponerla en un recipiente. Cortar el queso de oveja en dados pequeños. Añadir al recipiente las espinacas, el queso parmesano, el pan rallado, el huevo y el aceite, salpimentar y mezclarlo bien con la masa de los calabacines. Añadir el queso de oveja cortado. Rellenar con la farsa las mitades del calabacín y juntarlas de dos en dos; envolverlas en lonchas de tocino y sujetarlas con palillos. Colocar los calabacines en una cazuela amplia, rociarlos con el caldo y el vino y cocerlos tapados 40 minutos a fuego lento.

Rollitos de col rellenos de pescado

Col rizada hecha de forma diferente.

Ingredientes para 4 personas:
1 col rizada de 800 g aproximadamente - sal - 800 g
de filetes de bacalao fresco - el zumo de ½ limón -
4 cucharadas de crema fresca - 2 huevos - pimienta blanca
recién molida - 2 cucharaditas de mostaza suave -
½ cucharadita de albahaca seca - 2 cucharadas de aceite -
⅛ l de vino blanco seco - ⅛ l de caldo de ave (cubito).
Por persona: 1 500 kj/360 kcal.
43 g de proteínas - 14 g de grasa - 9 g de
hidratos de carbono - 8 g de fibra.

Tiempo de preparación: 40 minutos.
Tiempo de cocción: 30 minutos.

Se prepara así: Separar las hojas de la col y
cortar los tronchos duros. Desechar las hojas
lacias. Hervir 2 l de agua de sal y blanquear las
hojas durante 10 minutos; escurrirlas y
enfriarlas sobre un paño. Lavar el pescado,
secarlo y cortarlo en trocitos, luego picarlo con
el tajo de picar carne. Mezclarlo con el zumo de
limón, la crema fresca, los huevos, la pimienta y
1 cucharadita de mostaza. Desmenuzar la
albahaca y añadirla al relleno de pescado;
mezclar bien y sazonar con sal. Colocar las hojas
de col una encima de otra (de 2 en 2) y repartir
encima el relleno. Cerrar las hojas por los lados y
enrollar; sujetar los paquetitos con bramante de
cocina. Calentar el aceite y dorar los rollitos de
col todo alrededor. Desleír la mostaza restante
con el vino blanco y rociar con ello los rollitos.
Cocerlos tapados 30 minutos a fuego lento. Picar
las hojas de col restantes y cocerlas 20 minutos
en el caldo de ave. Salar al gusto y servir con los

rollitos. Se acompaña con patatas al vapor
espolvoreadas con perejil o con arroz blanco.

Rollos de acelga rellenos de queso

Para los amantes de algo distinto.

Ingredientes para 4 personas:
12 hojas de acelga (400 g aproximadamente) -
1 cucharadita de sal - 2 dientes de ajo - 300 g de queso de
oveja - 4 yemas de huevo - 200 g de crema fresca -
pimienta blanca recién molida - 4 cucharadas de vino
blanco seco - ⅛ l de caldo de ave (cubito) -
2 cucharadas de aceite de oliva.
Por persona: 1 700 kj/400 kcal.
17 g de proteínas - 33 g de grasa - 7 g de
hidratos de carbono - 4 g de fibra.

Tiempo de preparación: 30 minutos.
Tiempo de cocción: 25 minutos.

Se prepara así: Lavar bien las hojas de acelga
bajo el chorro de agua caliente y secarlas.
Blanquearlas en 2 l de agua hirviendo y
escurrirlas en un colador; luego extenderlas sobre
un paño hasta que enfríen. Pelar los ajos y
picarlos muy finos. Cortar el queso en trocitos y
aplastarlo con un tenedor. Mezclarlo con las
yemas, 4 cucharadas de crema fresca, el ajo
picado y pimienta y removerlo bien hasta formar
una pasta. Colocar las hojas de acelga de 4 en 4
(una sobre otra), repartir sobre ellas la pasta de
queso y formar unos rollitos doblando las hojas
por los dos lados hacia dentro antes de
enrollarlos. Colocarlos en una sartén grande.
Mezclar el vino con el caldo y el aceite y rociar
con ello los rollitos. Tapar la sartén y dejar cocer
10 minutos a fuego lento, luego servirlos en una

fuente precalentada. Mezclar la salsa con la crema fresca restante y cocerlo hasta que se reduzca bastante. Verterlo sobre los rollitos. Se sirve con pan blanco fresco o puré de patata.

Berenjenas rellenas al estilo turco

Una receta muy popular.

Ingredientes para 4 personas:
4 berenjenas de 200 g cada una - 2 cucharadas de zumo de limón - 2 cebollas - 4 tomates medianos - 1 ramillete de perejil - 400 g de carne picada (cordero y novillo a partes iguales) - 4 cucharadas de arroz blanco cocido (grano largo) - sal - ½ cucharadita de pimentón picante - ⅛ l de caldo caliente de verdura.
Por persona: 1 500 kj/360 kcal.
25 g de proteínas - 21 g de grasa - 200 g de hidratos de carbono - 9 g de fibra.

Tiempo de preparación: 1 hora.
Tiempo de cocción: 35 minutos.

Se prepara así: Lavar las berenjenas, secarlas y cortarles los rabillos. Cortarlas a la larga (el tercio superior como tapa) y rociarlas con zumo de limón. Vaciar con una cucharilla la parte de abajo de las berenjenas, rociar la pulpa obtenida con zumo de limón y picarla. Pelar las cebollas y picarlas. Escaldar los tomates, pelarlos y cortarlos en trocitos. Lavar y picar el perejil. Mezclar la carne picada con el arroz, el perejil, la cebolla y el tomate picados, la pulpa de las berenjenas, sal y pimentón y rellenar con la mezcla las berenjenas que se han vaciado. Colocarlas en una cazuela plana, agregar el

caldo de verdura y cocerlas tapadas 30 minutos. Se sirven con pan blanco fresco.

Rollitos de col rizada

Ingredientes para 4 personas:
1 col rizada de 800 g aproximadamennte - sal - 1 cebolla grande - 500 g de carne picada (novillo y cerdo a partes iguales) - 2 huevos - 3 cucharadas de pan rallado - 1 ramillete de perejil recién picado - pimienta blanca recién molida - 1 pizca de nuez moscada rallada - 75 g de caldo caliente de carne - 1 cucharadita de tomate concentrado.
Por persona: 2 700 kj/640 kcal.
36 g de proteínas - 48 g de grasa - 20 g de hidratos de carbono - 8 g de fibra.

Tiempo de preparación: 35 minutos.
Tiempo de cocción: 30 minutos.

Se prepara así: Cortar el troncho a la col en forma de cuña y desechar las hojas lacias. Separar 8 hojas grandes que estén bien y

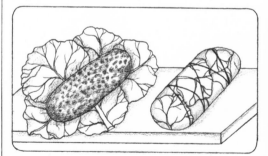

Para preparar los rollitos de col, se reparte el relleno sobre hojas colocadas una sobre otra, se doblan hacia dentro por los lados, se enrollan y se sujetan con bramante de cocina.

lavarlas. Blanquearlas en agua hirviendo con sal durante 2 ó 3 minutos; luego escurrirlas. Aplastar un poco el tronco de las hojas. Picar la cebolla. Hacer una masa con la carne picada, los huevos, el pan rallado, la cebolla y el perejil y sazonar con sal, pimienta y nuez moscada. Colocar las hojas de 2 en 2, una sobre otra, repartir el relleno sobre ellas, enrollarlas y atarlas con bramante de cocina. Cortar el tocino en dados y freírlo en el aceite hasta que esté transparente. En la misma grasa rehogar los rollitos de col. Mezclar el caldo de carne con el tomate concentrado y añadirlo; tapar y cocer 30 minutos. Retirar el bramante antes de servirlos.

dados finos, picar las espinacas y mezclarlas con el jamón. Sazonarlas con sal, pimienta y nuez moscada. Engrasar un molde o fuente de horno, colocar en ella la mitad de la pasta, seguidamente las espinacas y finalmente el resto de pasta, colocándola como un borde ancho sobre las espinacas. Batir la crema fresca con el tomate concentrado, los huevos y el queso (reservando 1 cucharada) y salpimentarlo. Rociar las espinacas con la mezcla. Mezclar el resto de queso con el pan rallado y espolvorear la superficie. Poner unos copos de mantequilla por encima y meter al horno a 200° unos 50 minutos.

Nidos de pasta con espinacas

Ingredientes para 4 personas:
250 g de pasta (caracolillos, espirales o macarrones) - sal - 2 cucharadas de aceite - 1 kg de espinacas - 200 g de jamón cocido en un trozo y sin grasa - pimienta blanca recién molida - nuez moscada rallada - 200 g de crema fresca - 1 cucharada colmada de tomate concentrado - 2 huevos - 50 g de queso Emmental recién rallado - 1 cucharada de pan rallado - 3 cucharadas de mantequilla.
Para el molde: Mantequilla.
Por persona: 3 600 kj/860 kcal.
35 g de proteínas - 53 g de grasa - 58 g de hidratos de carbono - 10 g de fibra.

Tiempo de preparación: 25 minutos.
Tiempo de cocción: 50 minutos.

Se prepara así: Cocer la pasta 8 minutos, escurrirla y mezclarla bien en una fuente con el aceite. Lavar las espinacas y blanquearlas en agua hirviendo con sal unos 2 minutos. Escurrirlas en un colador. Cortar el jamón en

Souflés y gratinados

Coliflor gratinada

Foto página 10

Ingredientes para 4 personas:
1 coliflor de 800 g aproximadamente - 150 g de mijo -
½ l de agua - 1 cucharadita de sal - 150 g de jamón
serrano sin grasa - 50 g de mantequilla - 2 huevos -
1 cucharada de maizena - 100 g de nata - 2 cucharadas
de cebollino picado - 1 pizca de pimienta de cayena -
4 cucharadas de pan rallado.
Para el molde: Mantequilla.
Por persona: 2 500 kj/600 kcal.
21 g de proteínas - 36 g de grasa - 49 g de
hidratos de carbono - 7 g de fibra.

Tiempo de preparación: 30 minutos.
Tiempo de cocción: 20 minutos.

<u>Se prepara así:</u> Separar los tronquitos de la
coliflor y lavarlos en agua caliente; los grandes
colarlos en trozos. Cocer el mijo y la colifor en
agua de sal, tapado, unos 15 minutos a fuego
medio; retirar del fuego y con la cazuela tapada
dejar reposar 5 minutos. Escurrir todo en un
colador, reservando el agua de cocción. Calentar
el horno a 200°. Engrasar con mantequilla un
molde de soufé. Cortar el jamón en tiras y la

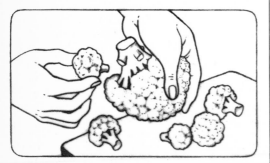

La coliflor se separa en tronquitos o rosetas. El tallo
se corta en trocitos y se cuece con la coliflor.

mantequilla en copos. Separar las claras de las
yemas. Batir las claras a punto de nieve. Desleír
la maizena en la nata, añadirlo al agua de
cocción y dar un hervor sin dejar de remover.
Añadir las yemas, el cebollino y la cayena.
Colocar la coliflor y el mijo en el molde y verter
por encima la salsa de nata. Espolvorear con pan
rallado y poner por encima los copos de
mantequilla. Meter al horno en la bandeja
central y gratinar 20 minutos.
Se sirve con galletas saladas integrales o tostadas
integrales.

Zanahorias gratinadas

Foto interior de la cubierta

Ingredientes para 6 personas:
1 kg de zanahorias - sal - 800 g de patatas -
3 cucharadas de mantequilla - 4 cucharadas de harina -
¼ l de leche - ¼ l de caldo de carne - 200 g de queso
Emmental recién rallado - pimienta blanca recién molida -
2 manojos de cebollinos recién picados - 2 cucharadas
de hojas de albahaca picadas gruesas - 200 g de jamón
cocido en un trozo y sin grasa - 150 g de bacon -
1 cucharada de aceite.
Para el molde: Mantequilla.
Por persona: 3 000 kj/710 kcal.
26 g de proteínas - 40 g de grasa - 59 g de
hidratos de carbono - 26 g de fibra.

Tiempo de preparación: 45 minutos.
Tiempo de cocción: 30 minutos.

<u>Se prepara así:</u> Limpiar las zanahorias,
rasparlas, lavarlas y cortarlas en rodajas.
Cocerlas 20 minutos en poca agua de sal, a fuego
lento, y luego escurrirlas. Cocer las patatas con
piel sin que se deshagan; pelarlas y cortarlas en

rodajas. Derretir la mantequilla en una cazuela, añadir la harina y dorarla sin dejar de remover. Agregar poco a poco la leche y el caldo y hervir unos minutos a fuego lento. Añadir el queso, salpimentar y finalmente mezclar con las hierbas. Cortar en dados y por separado el jamón y el bacon. Calentar el aceite en una sartén pequeña y freír el bacon hasta que esté transparente. Engrasar un molde de soufl\u00e9 y calentar el horno a 200-220°. Colocar en el molde una capa de zanahorias, otra de patatas y otra de jamón; rociar con la salsa y poner el bacon frito por encima. Gratinar 30 minutos al horno en la bandeja central.

Gratinado estival

Ingredientes para 4 personas:
200 g de macarrones integrales - sal - 700 g de puerros - 700 g de tomates - 3 cucharadas de mantequilla - 2 yogures descremados (de 100 g cada uno) - 2 huevos - 1 cucharada de perejil picado - 1 cucharada de eneldo picado - 1 cucharada de albahaca picada - pimienta blanca recién molida - 2 cucharadas de pan rallado.
Para el molde: Mantequilla.
Por persona: 1 800 kj/430 kcal.
20 g de proteínas - 14 g de grasa - 57 g de hidratos de carbono - 27 g de fibra.

Tiempo de preparación: 25 minutos.
Tiempo de cocción: 40 minutos.

Se prepara así: Cocer la pasta 8 minutos en agua de sal y escurrirla. Lavar los puerros y cortarlos en trozos de 5 cm de largo. Escaldar los tomates, pelarlos y cortarlos en cuartos. En un poco de agua y la mitad de la mantequilla cocer los puerros a fuego lento unos 5 minutos. Engrasar

con mantequilla un molde de soufl\u00e9 y colocar en capas los macarrones, los puerros y los tomates. Batir el yogur con los huevos y las hierbas y sazonar con sal y pimienta. Verter por encima de los tomates, tapar con papel de aluminio y meter al horno en la bandeja central. Encender el horno a 200° y cocerlo 30 minutos. Retirar el papel, espolvorear con pan rallado y poner por encima unos copos de mantequilla. Gratinar 10 minutos más.

Hinojo gratinado sobre lecho de puré

Para los amantes de la cocina mediterránea.

Ingredientes para 4 personas:
1 kg de patatas harinosas - sal - ¼ l de agua - 800 g de hinojo - ⅕ l de leche - nuez moscada rallada - 50 g de mantequilla - 2 cucharadas de harina - ⅛ l de leche caliente - pimienta blanca recién molida - 10 cucharadas de queso parmesano recién rallado.
Para el molde: Mantequilla.
Por persona: 2 100 kj/500 kcal.
19 g de proteínas - 22 g de grasa - 56 g de hidratos de carbono - 9 g de fibra.

Tiempo de preparación: 1 hora y 40 minutos.

Se prepara así: Pelar las patatas, lavarlas y cortarlas en trozos no muy grandes. Ponerlas a cocer en el agua con 1 cucharadita de sal, primero a fuego medio y luego a fuego suave, durante 25 minutos. Mientras, limpiar los bulbos de hinojo, lavarlos y cortarlos en cuartos. Picar finamente las hojitas del hinojo y reservarlas tapadas. Cubrir con agua el hinojo y cocerlo

tapado a fuego lento 40 minutos. Escurrir las patatas. Hervir la leche y sazonarla con sal y nuez moscada. Aplastar las patatas con un utensilio especial y añadir la leche poco a poco removiendo con las varillas. Engrasar con mantequilla un molde de soufflé y poner allí el puré de patata. Calentar el horno a 220°. Escurrir el hinojo y reservar ¼ l de agua de cocción. Derretir la mitad de la mantequilla y dorar la harina en ella sin dejar de remover, agregar el agua de cocción y llevar a ebullición, añadir la leche y dejar cocer 10 minutos a fuego lento removiendo continuamente. Salpimentar. Colocar el hinojo sobre el puré y rociarlo con la salsa, espolvorear con queso rallado y poner encima unos copos de mantequilla. Meter al horno en la bandeja central y gratinar de 10 a 15 minutos hasta que esté dorado. Espolvorearlo con las hojas de hinojo en el momento de servir.
Se sirve con ensalada mixta de tomate, pepino, lechuga y ajo.

Souflé de espinacas

Ingredientes para 4 personas:
1 kg de espinacas - sal - 6 chalotas - 2 cucharadas de aceite.
Para la salsa: 3 cucharadas de mantequilla - 4 cucharadas de harina - ⅛ l de leche - 1 cucharada de pasta de anchoas - 50 g de queso parmesano recién rallado - 1 pizca de pimienta de cayena - 6 huevos.
Para el molde: Mantequilla.
Por persona: 1 900 kj/450 kcal.
27 g de proteínas - 30 g de grasa - 19 g de hidratos de carbono - 10 g de fibra.

Tiempo de preparación: 35 minutos.
Tiempo de cocción: 40 minutos.

Se prepara así: Limpiar y lavar las espinacas y blanquearlas 2 minutos en agua hirviendo con sal. Escurrirlas bien y picarlas muy finas. Pelar las chalotas y, asimismo, picarlas muy finas, luego glasearlas en el aceite. Añadir las espinacas y dejarlas que se hagan durante 1 minuto. Reservar la mezcla. Para la salsa derretir la mantequilla en una cazuela, añadir la harina y dorarla. Agregar la leche poco a poco removiendo continuamente y sazonar con la pasta de anchoas. Retirar la cazuela del fuego, añadir el queso y sazonar con la pimienta de cayena. Separar las yemas de las claras y añadir las yemas batidas a la salsa. Incorporar las espinacas y rectificar de sal si es preciso. Engrasar un molde alto de soufflé y calentar el horno a 180°. Batir las claras a punto de nieve y mezclarlas con las espinacas. Rellenar con ello el molde, alisar la superficie y hornear 40 minutos en la bandeja central. Servir en seguida.

Souflé de tomate

Ingredientes para 4 personas:
800 g de tomates maduros - ½ ramillete de perejil -
1 diente de ajo - 1 cucharada de aceite - 4 cucharadas de
maizena - 4 huevos - 50 g de almendras molidas -
4 cucharadas de tomate concentrado - sal -
2 cucharaditas de azúcar - 1 pizca abundante
de nuez moscada y pimienta de cayena.
Para el molde: Mantequilla.
Por persona: 1 200 kj/290 kcal.
12 g de proteínas - 17 g de grasa - 20 g de
hidratos de carbono - 7 g de fibra.

Tiempo de preparación: 30 minutos.
Tiempo de cocción: 40 minutos.

Se prepara así: Escaldar los tomates, pelarlos y
cortarlos en dados. Meterlos en una cazuela y,
tapados, dejar que se hagan 5 minutos a fuego
lento. Lavar el perejil, secarlo y picarlo fino.
Pasar los tomates por un tamiz y repartir en
dos partes el puré obtenido. Pelar el ajo,
prensarlo y añadirlo a una parte del tomate.
Calentar el aceite. Mezclar la parte de tomate
sin ajo con la maizena y añadirlo al aceite
caliente, remover y dejar hervir un par de

minutos, luego retirarlo del fuego. Separar las
yemas de las claras. Mezclar las yemas con el
tomate relleno de ajo y añadirlo al puré de
tomate caliente. Añadir también las almendras y
el tomate concentrado y sazonar con sal, azúcar,
nuez moscada y pimienta de cayena. Calentar el
horno a 200°. Engrasar con mantequilla un
molde de souflé. Batir las claras a punto de nieve
añadiendo una pizca de sal. Agregarlas al
tomate, verter la mezcla en el molde (debe
llenarse ⅔ de su altura). Hornear 40 minutos en
la bandeja central y servir en seguida.

Souflé de brécoles

Este souflé debe hacerse en moldes individuales.

Ingredientes para 4 personas:
800 g de brécoles - 2 l de agua - 1 cucharadita de sal -
2 cucharadas de maizena - 5 cucharadas de crema fresca -
3 huevos - 50 g de queso parmesano recién rallado.
Para los moldes: Mantequilla.
Por persona: 1 200 kj/290 kcal.
17 g de proteínas - 18 g de grasa - 13 g de
hidratos de carbono - 8 g de fibra.

Tiempo de preparación: 45 minutos.
Tiempo de cocción: 30 minutos.

Se prepara así: Lavar bien el brécol y separarlo
en troncos. Cortar las partes duras en trocitos.
Cocerlo 10 minutos en agua de sal. Escurrirlo en
un colador sobre un recipiente y reservar el agua
de cocción. Desleír la maizena en la crema
fresca. Picar el brécol, mezclarlo con la maizena
desleída y algo del agua de cocción y dejar hervir
brevemente. Separar las yemas de las claras y
añadir las yemas a la masa de brécol. Calentar
el horno a 200°. Engrasar con mantequilla los
moldes de souflé. Batir las claras a punto

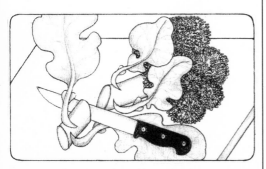

Para que el brécol quede cocido por igual, corte
el tronco y cuézalo con el resto de los brécoles.

de nieve, añadiendo una pizca de sal, y mezclarlas al brécol junto con el queso rallado. Llenar los moldes con la masa, alisar la superficie y hornear 30 minutos en la bandeja central. Servir en seguida.
Se sirve con pan blanco de barra.

Endibias gratinadas

Para mimar a los amigos.

Ingredientes para 4 personas:
4 endibias medianas - 1½ l de agua - sal -
1 cucharada de zumo de limón - 400 g de solomillo
de cerdo picado - 2 cucharadas de mantequilla -
4 cucharadas de pan rallado - 4 cucharadas de crema
fresca - pimentón dulce - 3 cucharadas de mantequilla -
1 cucharada de harina - ¼ l de caldo caliente de ave -
⅛ l de nata - 1 pizca de nuez moscada rallada -
pimienta blanca recién molida - 4 lonchas finas de
jamón cocido (unos 100 g) - 2 yemas de huevo -
6 cucharadas de queso Gouda recién rallado.
Por persona: 3 000 kj/710 kcal.
34 g de proteínas - 57 g de grasa - 12 g de hidratos de carbono - 0 g de fibra.

Tiempo de preparación: 45 minutos.
Tiempo de cocción: 10 minutos.

Se prepara así: Quitar la parte amarga de las endibias; lavarlas y desechar las hojas lacias. Hervir el agua con 1 cucharadita de sal y el zumo de limón. Cocer las endibias tapadas y a fuego lento durante 10 minutos. Sofreír la carne picada en la mantequilla unos 5 minutos, dándole vueltas constantemente. Luego mezclarla con el pan rallado y la crema fresca y sazonar

con sal y pimentón. Ya cocidas las endibias sacarlas del agua y escurrirlas en un colador. Derretir la mantequilla en una cazuela, añadir la harina y remover hasta que se dore. Añadir poco a poco el caldo caliente y cocer 10 minutos sin dejar de remover. Sazonar con la nata, la nuez moscada, la sal y la pimienta. Cortar las endibias a la larga y cubrir una mitad con la mezcla de carne picada; tapar con la otra mitad y envolver cada endibia con una loncha de jamón. Colocarlas en una fuente refractaria. Mezclar la salsa con las yemas y verterla sobre las endibias. Espolvorear con queso rallado y gratinar 10 minutos sobre la rejilla de la bandeja central, hasta que esté dorado.
Se sirve con patatas al vapor o cocidas con piel y ensalada de lechuga.

Chucrut a la alsaciana

Ingredientes para 4 personas:
3 cebollas - 2 dientes de ajo - 500 g de carne de cerdo
(pescuezo) - 4 salchichas de ajo ahumadas - 500 g de
patatas - 100 g de bacon cortado en lonchas finas -
1 kg de chucrut - 4 bayas de enebro - 1 hoja de laurel -
4 clavos de especia - pimienta negra recién molida -
⅛ l de vino blanco seco - ¼ l de caldo de ave (cubito).
Por persona: 4 900 kj/1 200 kcal.
50 g de proteínas - 88 g de grasa - 36 g de hidratos de carbono - 8 g de fibra.

Tiempo de preparación: 40 minutos.
Tiempo de cocción: unas 3 horas.

Se prepara así: Pelar las cebollas y los ajos y picar todo bien fino. Lavar la carne con agua fría, secarla y cortarla en trozos pequeños quitando pieles y nervios. Con un tenedor pinchar varias veces las salchichas. Pelar y lavar las patatas y cortarlas en rodajas de ½ cm de grosor. Calentar el horno a 180°. Cubrir el fondo de una fuente de horno (con tapa) con la mitad del bacon, colocar encima la mitad del chucrut bien extendido, espolvorear con pimienta y añadir 2 bayas de enebro, el laurel y 2 clavos de especia. Colocar las rodajas de patata sobre el chucrut; sobre éstas, la carne, las salchichas, la cebolla y los ajos, repartiendo todo bien. Finalmente poner otra capa de chucrut con 2 bayas de enebro y 2 clavos de especia y cubrir todo con el resto de bacon. Regar la superficie con el caldo y el vino y tapar; si no se dispone de una tapa, cubrir la fuente con doble papel de aluminio. Meter al horno 3 horas en la bandeja central.

Habas gratinadas

Ingredientes para 4 personas:
2 kg de habas frescas - 2 ramitas de ajedrea - 250 g de bacon - 250 g de cebollitas pequeñas o escalonias - 2 cucharadas de manteca - ¼ l de nata - sal - pimienta blanca recién molida.
Para el molde: Manteca de cerdo.
Por persona: 3 700 kj/880 kcal.
18 g de proteínas - 72 g de grasa - 38 g de hidratos de carbono - 16 g de fibra.

Tiempo de preparación: 30 minutos.
Tiempo de cocción: 30 minutos.

<u>Se prepara así</u>: Sacar las habas de las vainas y lavar ligeramente la ajedrea. Ponerlas en una cazuela casi cubiertas de agua, añadir la ajedrea y cocerlas 25 minutos a fuego lento. Escurrirlas en un colador y retirar la ajedrea. Cortar el

bacon en tiras, pelar las cebollas y freírlas en la manteca hasta que estén doradas. Engrasar con manteca una fuente refractaria y calentar el horno a 175°. Poner en la fuente una capa de habas, otra de cebollas y otra de bacon. Batir la nata con sal y pimienta y verterla sobre el bacon. Tapar la fuente y hornear 30 minutos en la bandeja central.
Se sirve con tomates a la parrilla y patatas al vapor.

Moussaka
Foto página 30

Uno de los souflés de verdura más populares en los Balcanes.

Ingredientes para 6 personas:
2 cebollas grandes - 1 kg de berenjenas - sal - 5 tomates - 400 g de pepino - 3 cucharadas de aceite de oliva - 600 g de carne picada (novillo y ternera a partes iguales) - ¼ l de vino blanco seco - pimienta blanca recién molida - ½ cucharadita de romero seco - ½ cucharadita de tomillo seco - 50 g de mantequilla - 4 cucharadas de harina - ¾ l de leche caliente - sal - 50 g de queso Gruyère recién rallado.
Para el molde: Aceite de oliva.
Por persona: 2 500 kj/600 kcal.
31 g de proteínas - 38 g de grasa - 24 g de hidratos de carbono - 5 g de fibra.

Tiempo de preparación: 50 minutos.
Tiempo de cocción: 30 minutos.

<u>Se prepara así</u>: Pelar las cebollas y cortarlas en trocitos. Lavar y secar las berenjenas y cortarlas en rodajas de ½ cm de grueso. Espolvorearlas con sal, poner una encima de otra y dejarlas

reposar. Escaldar los tomates, pelarlos y cortarlos en trozos no muy pequeños. Lavar el pepino, secarlo y cortarlo en dados de 2 cm aproximadamente. Calentar el aceite en una sartén grande, glasear la cebolla, añadir la carne y dorarla ligeramente removiendo continuamente. Agregar el vino, la sal, la pimienta, el romero y el tomillo y retirar del fuego. Engrasar un molde o fuente para gratinados con aceite de oliva. Secar las rodajas de berenjena y con la mitad de ellas cubrir el fondo de la fuente. Mezclar el tomate y el pepino picados con la carne y colocarlo sobre la berenjena. Finalmente cubrir con la otra mitad de las rodajas. Derretir la mantequilla en una cazuela, añadir la harina y dorarla removiendo continuamente; agregar la leche poco a poco, salar y dejar cocer tapado 10 minutos a fuego lento. Calentar el horno a 220°. Incorporar el queso a la salsa y bañar con ella el contenido de la fuente. Gratinar 30 minutos en la parte inferior del horno.

Sugerencia: Preparar la moussaka con la mitad de berenjenas y 1 kg de patatas. Las rodajas de patata se fríen crudas y se ponen de fondo en la fuente.

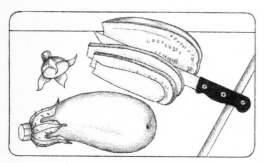

La moussaka resulta especialmente atractiva cuando las berenjenas se cortan en lonchas alargadas.

Pastelería salada

Pastel de puerros

Foto página 48

Ingredientes para un molde de 28 cm de diámetro:
Para la masa: 250 g de harina - 1 huevo - 3 cucharadas de nata agria - 150 g de mantequilla - 1 cucharadita de sal.
Para el relleno: 100 g de bacon - 750 g de puerros - 1 manojo de cebolletas - 1 cucharada de mantequilla - 60 g de queso Emmental y 60 g de Gruyère recién rallados - 1 cucharada de harina - 200 g de nata agria - sal - pimienta negra recién molida - nuez moscada rallada - pimentón dulce.

En un pastel de 12 porciones, cada una de ellas contiene 1 300 kj/310 kcal.
8 g de proteínas - 21 g de grasa - 20 g de hidratos de carbono - 7 g de fibra.

Tiempo de preparación: 45 minutos.
Tiempo de horneado: 40 minutos.

Se prepara así: Tamizar la harina sobre la superficie de trabajo y hacer un hueco en el centro. Introducir en él el huevo y la nata agria. Cortar la mantequilla en copos y repartirla sobre el borde de la harina; amasar todo bien y dejar reposar en sitio fresco. Cortar el bacon en trocitos. Limpiar bien los puerros y cebolletas, lavarlos y cortarlos en rodajas finas. Aprovechar solamente la parte verde, tierna. Calentar la mantequilla en una sartén, freír el bacon y reservarlo. En la misma grasa rehogar los puerros y cebolletas y añadir algo más de mantequilla. Estirar la masa con el rodillo sobre una superficie enharinada, forrar con ella el fondo y borde del molde y pinchar con un tenedor el fondo de la masa. Calentar el horno a 200°. Batir la nata agria con el queso y la harina y sazonar abundantemente con sal, pimienta, nuez moscada y pimentón. Poner sobre el fondo de la masa la mezcla de puerros y cebolletas y también el bacon; verter encima la nata con queso. Meter al horno 40 minutos en la bandeja central. Servir bien caliente.

Pastel de tomate a la francesa

Resulta delicioso acompañado de un buen vino blanco.

Ingredientes para un molde de 28 cm de diámetro:
300 g de hojaldre congelado - 500 g de tomates maduros - 3 huevos - sal - pimienta blanca recién molida - 1 cucharadita de albahaca recién picada - 5 cucharadas de crema fresca - 1 cucharada de mantequilla derretida - 6 cucharadas de queso Gruyère recién rallado.

En un pastel de 12 porciones, cada una de ellas contiene 730 kj/170 kcal.
5 g de proteínas - 13 g de grasa - 10 g de hidratos de carbono - 1 g de fibra.

Tiempo de preparación: 40 minutos.
Tiempo de horneado: 25 minutos.

Se prepara así: Descongelar el hojaldre según instrucciones. Escaldar los tomates, pelarlos y cortarlos en trocitos; estirar la masa de hojaldre con el rodillo y formar un disco algo mayor que el diámetro del molde. Calentar al horno a 200°. Enjuagar con agua fría el molde y revestirlo con la masa presionando los bordes. Pinchar con un tenedor el fondo de masa para que al cocerlo no forme burbujas. Batir los huevos con sal, pimienta y albahaca y añadir la crema fresca, la mantequilla y el tomate picado. Verter todo en el molde, espolvorear con queso rallado y meter al horno 25 minutos hasta que se dore. Pasados los primeros 5 minutos reducir el calor a 180°. Si la masa de huevo se pusiera demasiado oscura, tapar el pastel con papel de aluminio. Servir bien caliente.

Quiche de brécoles

El brécol es el pariente verde de la coliflor. Su sabor no es tan suave; sin embargo, resulta muy sabroso como relleno de un quiche, rociado con una salsa suave y gratinado.

Ingredientes para un molde de 26 cm de diámetro:
Para el relleno: 750 g de brécol - 1 diente de ajo - azúcar - ½ cucharadita de sal - 125 g de mantequilla.
Para el relleno: 750 g de brécoles - 1 diente de ajo - sal - 200 g de lomo de Sajonia - 2 huevos - 200 g de nata - 75 g de queso Emmental recién rallado - pimienta negra recién molida - nuez moscada recién rallada.
Para el molde: Mantequilla.
En un quiche de 12 porciones cada una contiene 1 400 kj/330 kcal.
11 g de proteínas - 23 g de grasa - 19 g de hidratos de carbono - 3 g de fibra.

Tiempo de preparación incluido el reposo: 1 hora y 35 minutos.
Tiempo de horneado: 50 minutos.

Se prepara así: Tamizar la harina, hacer un hueco en el centro y añadir el huevo, el azúcar y la sal. Cortar la mantequilla en copos y ponerla por el borde de la harina. Trabajar todo bien hasta conseguir una masa suave; envolverla en papel de aluminio y dejar reposar 1 hora en el frigorífico. Lavar bien el brécol y separarlo en troncos y blanquearlo en agua de sal 8 minutos, añadiendo un diente de ajo pelado y cortado por la mitad. Escurrirlo en un colador. Cortar la carne

en tiras. Engrasar un molde de quiche y calentar el horno a 200°. Estirar la masa sobre una superficie enharinada, revestir el molde con la masa subiéndola por el borde y colocar encima el brécol bien escurrido. Sobre éste poner las tiras de carne. Batir los huevos con la nata, añadir el queso y sazonar con poca sal, pimienta y nuez moscada. Verter la mezcla sobre el relleno. Hornear 50 minutos en la bandeja central. Servir muy caliente.

Variante: Pastel de brécoles
Descongelar 300 g de hojaldre congelado según instrucciones, estirar la masa y revestir con ella un molde de 24 cm de diámetro. Pinchar la masa para que no forme burbujas al cocerla.
Blanquear el brécol como en la receta anterior, escurrirlo y repartirlo sobre el fondo de masa; espolvorearlo con 2 cucharadas de pan rallado y rociarlo con una mezcla batida de 4 huevos, 200 g de nata, sal, nuez moscada y zumo de limón. Calentar el horno a 225° y cocerlo 40 minutos en la bandeja central. Servir caliente o frío.

Pastel de puerros al estilo suizo

Foto de la cubierta

Ingredientes para un molde de 28 cm de diámetro:
Para la masa: 250 g de harina - 1 yema de huevo - 3 cucharadas de agua muy fría - 1 pizca de sal - 125 g de mantequilla fría.
Para el relleno: 1 kg de puerros - sal - 1/2 taza de vino blanco seco - 100 g de tocino de jamón - 4 tomates - 2 huevos - 1 yema de huevo - 1/8 l de nata - sal - pimienta blanca recién molida - 1 cucharada de pan rallado.
Para el molde: Mantequilla.
En un pastel de 12 porciones cada una contiene 1 300 kj/310 kcal.
7 g de proteínas - 21 g de grasa - 23 g de hidratos de carbono - 10 g de fibra.

Tiempo de preparación: 45 minutos.
Tiempo de cocción: 40 minutos.

Se prepara así: Tamizar la harina; hacer un hueco en el centro y añadir la yema, 1 cucharada de agua y la sal. Poner la mantequilla en copos por el borde de la harina y trabajar todo bien hasta conseguir una masa suave añadiendo el resto del agua. Engrasar el molde. Estirar la masa sobre una superficie enharinada, revestir con ella el molde formando un borde y poner en sitio fresco. Limpiar los puerros, lavarlos bien y cortarlos en trozos de 5 cm. Luego cocerlos lentamente 10 minutos en agua de sal, a la que se habrá añadido el vino. Escurrirlos bien en un colador. Cortar el tocino en dados, pelar los tomates y cortarlos en gajos. Batir los huevos más la yema, la nata y sazonar con sal y pimienta. Calentar el horno a 200°. Espolvorear el fondo de masa con pan rallado, repartir por encima los puerros, el tocino y los tomates picados y rociar con el batido de huevos y nata. Meter al horno 40 minutos en la bandeja central. Servir caliente o frío.

Pizza Margarita

Ideal para atender sin problemas a los invitados.

Ingredientes para 6 personas:
Para la masa: 400 g de harina - 20 g de levadura - 1/4 l de agua templada - 1/2 cucharadita de sal.
Para el relleno: 500 g de tomates muy maduros - 300 g de queso Mozzarella - 100 g de queso parmesano - sal - pimienta negra recién molida - 1 cucharadita de orégano seco - 6 cucharadas de aceite de oliva.
Para la placa del horno: Aceite de oliva.
Por persona: 2 200 kj/520 kcal.
25 g de proteínas - 21 g de grasa - 53 g de hidratos de carbono - 2 g de fibra.

Tiempo de preparación incluido reposo: 1 hora y 30 minutos.
Tiempo de cocción: 30 minutos.

Se prepara así: Tamizar la harina, hacer un hueco en el centro e introducir en él la levadura desmenuzada. Añadir un poco de harina y agua templada y remover hasta formar una masa. Espolvorear con harina y tapar hasta que en la superficie se formen finas grietas. Luego trabajar esta masa previa con el resto de la harina, la sal y el agua necesaria hasta obtener una masa firme y suave a la vez. Amasar y golpear la masa hasta que forme burbujas. Dejar reposar tapada a temperatura ambiente hasta que haya doblado su volumen. Escaldar los tomates, pelarlos y cortarlos en rodajas. Calentar el horno a 220°. Engrasar con aceite una placa del horno. Cortar la mozzarella en lonchitas y rallar el queso parmesano. Estirar la masa con el rodillo hasta obtener el tamaño de la placa y revestir ésta con la masa. Colocar encima las rodajas de tomate y mozzarella alternando y salpimentar el tomate. Espolvorear la pizza con queso parmesano y orégano y rociarla con aceite de oliva. Cocerla al horno 30 minutos en la bandeja central.

Pastel de verdura de Umbría

Foto enfrente

Se necesita algo de paciencia para la elaboración de este pastel, pero el resultado obtenido valdrá la pena.

Ingredientes para un molde de 28 cm de diámetro:
Para la masa: 200 g de harina - ½ cucharadita de sal - 100 g de mantequilla fría - 1 cucharada de manteca de cerdo fría - 3-4 cucharadas de agua helada.
Para el relleno: 50 g de nueces peladas - 2 puerros medianos - 1 cucharadita de sal - 400 g de berenjenas - 300 g de calabacines - 4 cucharadas de aceite de oliva - 1 ramillete de perejil - 50 g de queso parmesano recién rallado - sal - pimienta negra recién molida - 1 cucharadita de pimentón dulce.
Para la salsa: 5 cucharadas de yogur descremado - 4 cucharadas de nata - 2 yemas de huevo - 1 cucharada de harina - ½ cucharadita de sal.
Para el molde: Mantequilla.
En un pastel de 8 porciones cada una contiene 1 800 kj/430 kcal.
10 g de proteínas - 29 g de grasa - 29 g de hidratos de carbono.

Tiempo de preparación incluido el reposo: Unas 2 horas.
Tiempo de horneado: 50 minutos.

Se prepara así: Tamizar la harina sobre un recipiente, añadir la mantequilla y la manteca cortada en trozos y amasar bien con la harina (a ser posible con las manos bien frías). Añadir agua hasta obtener una masa suave y esponjosa. Envolverla en papel de aluminio y meterla al frigorífico durante 1 hora para que repose. Picar las nueces en forma gruesa; limpiar los puerros y cortar la parte verde dura, lavarlos con agua caliente y cortarlos en rodajas del grueso de un dedo. Blanquearlos 3 minutos en agua hirviendo y escurrirlos. Lavar las berenjenas y calabacines, secarlos y quitarles los rabillos, luego cortarlos en rodajas de 1 cm de grueso. Calentar el aceite en una sartén grande y rehogar primeramente los calabacines y luego las berenjenas, removiendo de vez en cuando. Reservar ambas verduras por separado y dejar enfriar. Lavar el perejil, secarlo y picarlo. Enharinar una superficie y estirar ⅔ de la masa, a ser posible muy fina. Revestir con ella el molde engrasado previamente; formar un borde de dos dedos de ancho. Picar el fondo de la masa para que no forme burbujas al cocer. Poner las verduras en capas espolvoreando cada una de ellas con nueces, perejil, algo de queso, sal, pimienta y pimentón. Batir el yogur con la nata, las yemas, la harina y la sal y verter sobre las verduras. Presionar todo con una cuchara y espolvorear con el queso restante. Calentar el horno a 200°. Estirar el resto de la masa y cortarla en tiras (con una rueda de empanadillas), colocarlas sobre el pastel formando una reja y meterlo al horno 50 minutos en la bandeja central. Servir muy caliente.

El apetitoso aspecto y sabor sin igual del pastel de verdura de Umbría hace agradable su laboriosa preparación. Sus principales ingredientes son puerros, berenjenas, calabacines y nueces. Receta en esta página.

Pastel de guisantes con jamón asalmonado

En Francia sustituyen el jamón por hígado de ganso, y el eneldo por trufas. Esta variante, no demasiado costosa, le resultará exquisita.

Ingredientes para un molde de 28 cm de diámetro.
Para la masa: 200 g de harina - ½ cucharadita de sal - 100 g de mantequilla blanda - 3-4 cucharadas de agua helada.
Para el relleno: 600 g de guisantes congelados (o frescos de temporada) - 1 manojo de eneldo - 200 g de jamón asalmonado - 3 huevos - 2 cucharaditas de harina - 100 g de crema fresca - sal - pimienta blanca recién molida.
Para el molde: Mantequilla.
En un pastel de 12 porciones cada una contiene 1 200 kj/290 kcal.
10 g de proteínas - 19 g de grasa - 20 g de hidratos de carbono - 3 g de fibra.

Tiempo de preparación incluido reposo: 1 hora y 30 minutos.
Tiempo de horneado: 35 minutos.

Se prepara así: Mezclar la harina con la sal y formar con ella un montón. Añadir la mantequilla en copos, amasar rápidamente y añadir el agua suficiente hasta obtener una masa suave y esponjosa. Hacer con ella una bola, envolverla en papel de aluminio y dejar reposar 30 minutos en el frigorífico. Si utiliza guisantes frescos debe lavarlos varias veces en agua templada y secarlos sobre un paño. Si son congelados debe sacarlos del paquete, ponerlos en un colador y rociarlos ligeramente con agua hirviendo. Lavar el eneldo, secarlo y cortar menudamente las hojas. Cortar el jamón en dados. Batir los huevos con la harina y la crema fresca y salpimentar. Estirar la masa sobre una superficie enharinada y hacer con ella un disco de 30 cm de diámetro. Calentar el horno a 200°. Engrasar el molde con mantequilla. Revestir el molde con la masa y presionar el borde ligeramente. Picar el fondo para que no forme burbujas al cocer. Mezclar los guisantes con el jamón, repartirlo sobre el fondo de masa y espolvorearlo con eneldo. Verter por encima la crema batida y meter al horno 35 minutos en la parte central.

◁ Estos pasteles salados son conocidos en Suiza con el nombre de Wähen. Este jugoso pastel de puerros con bacon y nata es una cena ligera con un toque diferente. Receta página 43.

Empanada griega de espinacas

Ingredientes para 8 personas:
300 g de masa de hojaldre congelada - 1 kg de espinacas
1 l de agua - sal - 1 manojo de cebolletas - 2 dientes
de ajo - 50 g de mantequilla - pimienta blanca recién
molida - nuez moscada rallada - 200 g de queso de
oveja - 4 huevos - 6 cucharadas de pan rallado - 2 yemas
aparte para barnizar.
Por persona: 1 600 kj/380 kcal.
17 g de proteínas - 23 g de grasa - 24 g de
hidratos de carbono - 5 g de fibra.

Tiempo de preparación: 1 hora.
Tiempo de horneado: 50 minutos.

Se prepara así: Descongelar la masa de hojaldre
según instrucciones del paquete. Lavar bien las
espinacas y blanquearlas 4 minutos en agua
hirviendo con sal. Escurrirlas y picarlas en forma
gruesa. Limpiar las cebolletas, lavarlas y
cortarlas en rodajitas finas. Pelar los ajos y
picarlos. A continuación derretir la mantequilla
en una sartén y glasear la cebolleta y el ajo
picados; retirar la sartén del fuego y añadir las
espinacas y sazonar con sal, pimienta y nuez
moscada. Cortar el queso en dados pequeñitos.
Batir los huevos, añadir el queso y el pan rallado
y mezclar todo con las espinacas. Calentar el
horno a 200°. Enjuagar con agua fría una placa
de horno. Cortar la masa de hojaldre en dos
partes. Estirar con el rodillo una parte, dejando
un tamaño algo más grande que la placa del
horno; revestir con ella la placa dejando un
borde sobrante. Rellenar con la masa de
espinacas y doblar el borde de la masa hacia
adentro. Tapar con el resto de masa estirada y
pinchar varias veces la superficie para que salga
el vapor. Batir las yemas con 1 cucharada de
agua y barnizar con ello la superficie de la

empanada. Hornear 50 minutos en la bandeja
central y servir caliente.

Pastel de apio de Liguria

Ingredientes para un molde de 28 cm de
diámetro:
Para la masa: 200 g de harina - 60 g de manteca de
cerdo - 1/8 l escaso de agua - 1/2 cucharadita de sal.
Para el relleno: 700 g de tallos de apio - 1 l de agua -
sal - 2 cebollas - 100 g de queso parmesano - 6 huevos -
2 cucharadas de nata - pimienta blanca recién molida -
nuez moscada rallada.
Para el molde: Manteca de cerdo.
En un pastel de 12 porciones cada una de ellas
contiene 860 kj/200 kcal.
9 g de proteínas - 12 g de grasa - 16 g de
hidratos de carbono - 2 g de fibra.

Tiempo de preparación: 50 minutos.
Tiempo de horneado: 40 minutos.

Se prepara así: Tamizar la harina en un
recipiente, añadir la manteca, el agua y la sal y
remover todo primeramente con una cuchara de
madera y luego con las manos. Engrasar el
molde y forrarlo con dos tercios de la masa. Con
el resto de la masa formar un rollo y colocarlo
alrededor del molde, presionando para que
quede bien unido al fondo. Tapar el molde con
un paño y meterlo al frigorífico. Lavar el apio,
secarlo y cortar las hojas y la raíz. Quitar los
hilos de los tallos y cortarlos en trozos. Luego
cocerlos en agua de sal durante 5 minutos y
escurrirlos en un colador. Pelar y picar las
cebollas y rallar el queso parmesano. Calentar el
horno a 220°. Batir los huevos con la nata,
añadir el queso, el apio y la cebolla y sazonar

con sal, pimienta y nuez moscada. Rellenar con ello el molde y alisar la superficie. Hornear 40 minutos en la bandeja central y servir muy caliente.

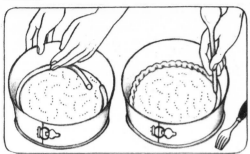

Para confeccionar el borde se hace un rollo con la masa restante y se coloca alrededor del molde, presionándolo con el mango de una cuchara de madera.

Pastel de endibia

Ingredientes para un molde de 26-28 cm de diámetro:
Para la masa: 250 g de harina - ½ cucharadita de sal - 1 huevo - 125 g de mantequilla.
Para el relleno: 4 endibias medianas - 2 tomates grandes - 100 g de Mozzarella - 250 g de langostinos recién cocidos - 3 huevos - 4 cucharadas de crema fresca - ½ cucharadita de tomillo seco - sal.
Para el molde: Mantequilla.
En un pastel de 12 porciones cada una de ellas contiene 1 100 kj/260 kcal.
11 g de proteínas - 16 g de grasa - 17 g de hidratos de carbono - 1 g de fibra.

Tiempo de preparación incluido el reposo: 1 hora y 15 minutos.
Tiempo de horneado: 35 minutos.

Se prepara así: Mezclar la harina y la sal y hacer un montón con un hueco en el centro. Introducir en él el huevo y poner unos copos de mantequilla por el borde de la harina. Amasar todo bien hasta conseguir una masa suave y esponjosa. Envolverla en papel de aluminio y dejar que repose 30 minutos en el frigorífico. Lavar las endibias, secarlas y desechar las hojas lacias del exterior cortarlas por la mitad y a la larga; quitarles la parte amarga y cortarlas en tiras. Escaldar los tomates, pelarlos y cortarlos en dados. Asimismo, cortar en dados el queso mozzarella. Mezclar los langostinos con el tomate y las endibias. Separa las yemas de las claras. Batir las yemas con la crema fresca y el tomillo; batir las claras a punto de nieve; calentar el horno a 200°; engrasar el molde. Estirar la masa con el rodillo sobre una superficie enharinada y formar un disco de 32 cm de diámetro. Forrar con él el fondo y el borde del molde, presionando este último. Pinchar el fondo con un tenedor. Repartir por el fondo la mezcla de endibias; añadir las claras a las yemas y verter la mezcla sobre las endibias. Añadir los trocitos de queso bien repartidos y meter al horno 30 minutos en la bandeja central. Servir muy caliente.

Especialidades de verdura

Ratatouille
Foto página 9

Esta especie de pisto francés puede servirse caliente como primer plato, como guarnición de carne o pescado fritos, o también frío en una fuente de entremeses.

Ingredientes para 4 personas:
250 g de cebollas - 3 dientes de ajo - 500 g de tomates -
1 pimiento verde, 1 rojo y 1 amarillo - 500 g de
berenjenas - 500 g de calabacines - 1/8 l de aceite de
oliva - sal - pimienta negra recién molida - 1 pizca
abundante de azúcar - estragón y tomillo (1 pizca
de cada) - 1 cucharadita escasa de orégano seco y
1 cucharadita escasa de tomillo seco - 1/2 cucharadita
de albahaca seca - 1/8 l de vino blanco seco - 1 ramillete
de perejil recién picado.
Por persona: 1 900 kj/450 kcal.
7 g de proteínas - 32 g de grasa - 27 g de hidratos de carbono - 8 g de fibra.

Tiempo de preparación: 30 minutos.
Tiempo de cocción: 40 minutos.

Se prepara así: Pelar las cebollas y cortarlas en aros finos. Pelar los ajos y picarlos. Escaldar los tomates, pelarlos y cortarlos por la mitad. Lavar los pimientos, cortarlos por la mitad y retirar las semillas y pieles interiores; luego cortarlos en tiras. Lavar las berenjenas y los calabacines, secarlos y cortar ambas verduras en rodajas (sin pelarlas). Calentar el aceite en una cazuela grande y glasear la cebolla picada, añadir primeramente los pimientos, las berenjenas, los calabacines y los tomates, dejando rehogar todo unos minutos. Sazonar con sal, pimienta, azúcar, ajo y las hierbas secas. Agregar el vino y dejar cocer de 30 a 40 minutos a fuego lento y con la cazuela destapada. Remover de vez en cuando. Al final el líquido debe estar casi reducido. Espolvorear con perejil antes de servir.

Fritada rápida de verduras
Foto interior de la contracubierta

Ingredientes para 4 personas:
500 g de patatas cocidas con piel el día antes -
2 cebollas - 2 dientes de ajo - 2 tomates grandes de carne
abundante - 10 aceitunas negras - 4 cucharadas de aceite
de oliva - 4 huevos - sal - pimienta blanca recién
molida - 50 g de queso parmesano recién rallado -
1 cucharada de cebollino picado.
Por persona: 2 000 kj/480 kcal.
16 g de proteínas - 33 g de grasa - 28 g de hidratos de carbono - 9 g de fibra.

Tiempo de preparación: 20 minutos.
Tiempo de cocción: 15 minutos.

Se prepara así: Pelar las patatas y cortarlas en trozos alargados (como para freír). Pelar las cebollas y ajos y picarlos finos. Lavar los tomates, secarlos y cortarlos en dados regulares. Deshuesar las aceitunas y cortarlas en tiras finas. Calentar el aceite en una sartén suficientemente grande y rehogar en primer lugar la cebolla y el ajo, removiendo continuamente. Añadir las patatas y los tomates y sofreírlo 10 minutos más, dándoles la vuelta con mucho cuidado. Batir los huevos con sal y pimienta, verterlos sobre las verduras y dejar que cuajen. Espolvorear con queso y cebollino, esparcir las aceitunas por encima y servir en seguida.

Lescó húngaro

Cuando los pimientos y tomates adornan los mercados con sus vivos colores, es cuando en Hungría es costumbre de preparar su famosa especialidad a base de verduras.

Ingredientes para 4 personas:
500 g de tomates - 2 pimientos verdes y 2 amarillos - 200 g de calabacines - 2 cebollas grandes - 100 g de bacon ahumado - 1 cucharada de pimentón dulce - sal - pimienta negra recién molida.
Por persona: 1 000 kj/240 kcal.
7 g de proteínas - 17 g de grasa - 16 g de hidratos de carbono - 4 g de fibra.

Tiempo de preparación: 40 minutos.
Tiempo de cocción: 30 minutos.

Se prepara así: Escaldar los tomates, pelarlos y cortarlos en trozos no muy pequeños. Cortar los pimientos por la mitad, quitar las pieles y semillas y cortarlos en trozos. Lavar los calabacines, secarlos y cortarlos en dados. Pelar las cebollas y cortarlas en rodajas; luego cortarlas en 4 partes. Trocear el bacon y freírlo a fuego medio. Dorar las cebollas en la misma grasa del bacon, añadir los pimientos y, sin dejar de remover, freírlos 5 minutos más. Incorporar los tomates y los calabacines y sazonar con pimentón, sal y pimienta y cocer tapado 30 minutos a fuego lento; remover de vez en cuando y agregar un poco de caldo de ave para que no se pegue al fondo.
Se sirve con arroz blanco y salchichas. húngaras.

Sugerencia: Para elaborar este plato no hay que poner obligatoriamente las verduras indicadas. Los pimientos y tomates forman siempre parte de un lescó; sin embargo, pueden sustituirse por otras verduras al gusto.

Berenjenas a la siciliana

Ingredientes para 4 personas:
4 berenjenas medianas - sal - 1 tallo de apio - 4 tomates - 2 cebollas - 50 g de aceitunas rellenas de almendras - 8 cucharadas de aceite - 3 cucharadas de pasas sultanas - 1 cucharada de alcaparras - 6 cucharadas de vinagre de vino tinto - 2 cucharadas de azúcar - pimienta negra recién molida - 50 g de piñones.
Por persona: 1 600 kj/380 kcal.
6 g de proteínas - 27 g de grasa - 30 g de hidratos de carbono - 9 g de fibra.

Tiempo de preparación: 35 minutos.
Tiempo de cocción: 20 minutos.

Se prepara así: Lavar las berenjenas, secarlas y cortarlas a la larga. Salar la parte del corte y dejar reposar 30 minutos. Limpiar el apio, lavarlo y cortarlo en trocitos. Escaldar los tomates, pelarlos y cortarlos en cuartos. Pelar las cebollas y picarlas. Cortar las aceitunas en rodajitas. Calentar en una cazuela 2 ó 3 cucharadas de aceite y glasear la cebolla, añadir el apio, las pasas, las alcaparras, las aceitunas y los tomates y dejar estofar 3 minutos. Añadir el vinagre y el azúcar y cocer tapado 10 minutos a

Especialidades de verdura

fuego suave. Sazonar con sal y pimienta. Secar las berenjenas con papel de cocina y freírlas en el resto del aceite 3 minutos por cada lado. Colocarlas en una fuente precalentada; servir por encima la mezcla de verduras y adornar con los piñones repartidos por la superficie.

albahaca y las berenjenas y sazonar con sal, pimienta, pimentón y azúcar. Cocer tapado 1 hora a fuego lento. Remover de vez en cuando y añadir agua si es necesario. Servir la verdura caliente o templada.

Marmita de verduras a la napolitana

Ingredientes para 4 personas:
500 g de berenjenas - sal - 500 g de pimientos amarillos - 4 tomates maduros - 500 g de patatas - 350 g de cebollas - 3 dientes de ajo - 1/8 l de aceite de oliva - 3 ramitas de albahaca recién picadas - pimienta negra recién molida - 1 pizca de pimentón picante - 1/2 cucharadita de azúcar.
Por persona: 2 100 kj/500 kcal.
8 g de proteínas - 32 g de grasa - 44 g de hidratos de carbono - 11 g de fibra.

Tiempo de preparación: 30 minutos.
Tiempo de cocción: 1 hora.

Se prepara así: Lavar las berenjenas, secarlas y cortarlas en dados; poner los dados en un colador, espolvorearlos con sal y tapar con un plato. Dejar reposar durante 30 minutos. Limpiar los pimientos, retirar las semillas y cortarlos en tiras. Escaldar los tomates, pelarlos y picarlos. Pelar las patatas y cortarlas en dados. Pelar las cebollas y cortarlas en aros. Pelar los ajos y picarlos. Aclarar las berenjenas con agua fría y escurrirlas bien. Calentar el aceite en una cazuela y dorar ligeramente la cebolla picada; añadir el ajo y freírlo 1 minuto más. Incorporar los pimientos, los tomates, las patatas, la

Fritada de verduras al estilo chino

En China utilizan el «wok» para hacer fritos rápidos. En su lugar puede utilizarse una sartén de borde alto.

Ingredientes para 4 personas:
8 setas de China (Tong Gu) - 1/2 l de agua hirviendo - 4 cebolletas - 250 g de tallos de apio - 300 g de zanahorias - 1 pimiento rojo - 100 g de brotes de bambú y germen de soja, frescos o de lata - 1 diente de ajo - 20 g de raíz fresca de jengibre - 5 cucharadas de aceite de sésamo - 4 cucharadas de salsa de soja asiática - 1/2-1 cucharadita de sal - 1 pizca de azúcar - pimienta negra recién molida.
Por persona: 720 kj/170 kcal.
4 g de proteínas - 11 g de grasa - 13 g de hidratos de carbono - 7 g de fibra.

Tiempo de preparación: 1 hora.
Tiempo de cocción: 15 minutos.

Se prepara así: Remojar las setas en el agua caliente durante 30 minutos. Limpiar las cebolletas de hojas lacias, lavarlas y secarlas. Limpiar y lavar el apio, secarlo y quitarle los hilos tirando de arriba a abajo. Raspar las zanahorias, lavarlas y secarlas. Limpiar el pimiento de semillas, lavarlo y secarlo. Cortar todas las verduras en juliana. Lavar los brotes de

54

bambú y el germen de soja y escurrirlos en un colador,. Pelar y picar el ajo. Asimismo, pelar el jengibre y rallarlo en forma gruesa. Calentar el aceite en un «wok» (si se dispone de él) o en una sartén. Rehogar el ajo, el jengibre y la cebolla removiendo cotinuamente. Separar ⅛ l del agua de remojar las setas. Escurrir bien las mismas y cortarlas en ocho trozos. Añadir a la cebolla frita el apio, la zanahoria y las setas y freír todo el conjunto 5 minutos sin dejar de remover. Agregar el agua de remojo y las tiras de pimiento y cocer 6 minutos más. Sazonar con la salsa de soja, la sal, el azúcar y la pimienta. Finalmente incorporar a la fritada los brotes de bambú y el germen de soja. Dejar cocer unos minutos más y servir.

Se sirve con medallones de cerdo y pan blanco o con fideos chinos.

Para rallar la raíz de jengibre nada mejor que un simple rallador metálico.

Tortilla de calabacines

Ingredientes para 4 personas:
500 g de calabacines pequeños de carne firme - el zumo de ½ limón - 4 rebanadas de pan de molde tostado - 5 cucharadas de leche - 4 cucharadas de queso emmental recién rallado - sal - pimienta blanca recién molida - 6 huevos - 4 cucharadas de mantequilla.
Por persona: 1 200 kj/290 kcal.
17 g de proteínas - 15 g de grasa - 17 g de hidratos de carbono - 0,5 g de fibra.

Tiempo de preparación: 20 minutos.
Tiempo de cocción: 30 minutos.

Se prepara así: Lavar los calabacines, secarlos y cortarlos en rodajas finas. Rociarlas con zumo de limón. Cortar el pan en dados y regarlos con la leche, dejando reposar 5 minutos. Mezclarlos con el queso y sazonar con sal y pimienta. Batir los huevos bien espumosos y mezclarlos con la masa de pan. Añadir las rodajas de calabacín. Calentar la mantequilla en una sartén grande. Hacer de la masa 4 tortillas. Friéndolas por ambos lados resultan más crujientes.

Índice general de recetas

La receta para esta fritada rápida de verduras la encontrará en la página 52.